Cité trois fois millénaire et étape mythique du « Grand Tour » effectué par les artistes et intellectuels européens au XVIIIe s., Naples n'a rien d'une ville-musée. Son centre historique s'apparente à un labyrinthe : places ensoleillées, façades baroques, palais décatis et marchés colorés forment un décor charmant.

Une Naples plus monumentale se découvre autour du Palazzo Reale et le long du *lungomare*, donnant un aperçu de sa puissance passée. Sur les hauteurs, le Vomero et le Posillipo offrent des vues prodigieuses sur la baie de Naples. Dans les environs proches, des escapades sont possibles vers les champs Phlégréens ou les îles de Capri, d'Ischia ou de Procida. Un peu plus loin, Sorrento et la côte amalfitaine sont des musts. Enfin, au pied du Vésuve, les sites archéologiques de Pompéi et d'Herculanum sont l'occasion d'émouvants voyages dans l'Antiquité.

LES INCONTOUR-NABLES

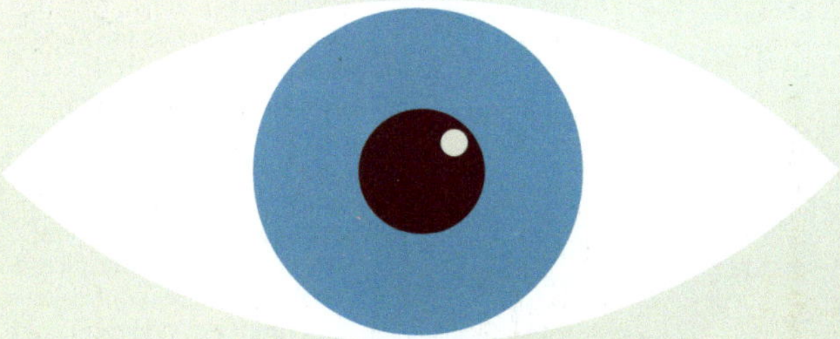

Palazzo Reale

Il offre un parfait exemple du faste napolitain. **Voir p. 77.**

Certosa di San Martino

Perchée sur la colline du Vomero, la chartreuse de Saint-Martin (XIVe s.), jouit d'une vue imprenable sur le golfe de Naples. Sa visite vous initiera à l'art baroque napolitain, entre cloîtres ombragés, chapelles couvertes de marbre et crèches traditionnelles. **Voir p. 100.**

Santa Chiara et le Chiostro delle Clarisse

L'église de Santa Chiara, édifiée au début du XIVe s., constitue un modèle d'élégance gothique. Derrière ses hauts murs de tuf, le cloître des Clarisses prend des airs de jardin d'Éden, avec ses colonnes couvertes de majolique et ses rangs d'orangers. **Voir p. 43.**

Les rues du vieux Naples

Marchés débordant de produits savoureux et échoppes d'artisans confèrent une vitalité unique au vieux Naples. Ses rues rectilignes, héritées de la Neapolis antique, concentrent une prodigieuse variété de palais, églises et monuments. **Voir quartiers 1 à 3 p. 20 à 55.**

Museo di Capodimonte

Dominant Naples, le Museo di Capodimonte propose un extraordinaire aperçu de la peinture italienne et napolitaine, ainsi que des appartements au décor opulent. Ne manquez pas son agréable parc. **Voir p. 69.**

Capri

Île mythique pour tout amateur de la *dolce vita*, Capri est la vedette du golfe de Naples. Appréciée dès l'Antiquité, elle aimante les voyageurs du monde entier grâce à la beauté de ses côtes, émaillées de petits ports, de villas de rêve et de jardins perchés. **Voir p. 162.**

Castel Nuovo (Maschio Angioino)

Dominant le port de Naples, cet imposant château était un élément primordial du système défensif de la ville. Les princes aragonais y firent réaliser nombre d'aménagements, à commencer par un splendide portail d'entrée, couvert de marbre sculpté. **Voir p. 74.**

Musée archéologique

Il réunit d'incroyables trésors antiques. Fresques et mosaïques des villas de Pompéi, bronzes d'Herculanum ou marbres de la collection Farnèse figurent parmi ses chefs-d'œuvre. **Voir p. 58.**

Côte amalfitaine

la côte amalfitaine vous réserve des paysages d'une incomparable beauté. Falaises tombant à pic dans la mer, petits villages accrochés aux rochers, végétation luxuriante, voici un vrai coin de paradis. **Voir p. 178.**

Pozzuoli

La principale ville de la région des champs Phlégréens est parsemée de spectaculaires ruines antiques. **Voir p. 134.**

Quartieri Spagnoli

D'un charme indicible, les Quartiers espagnols constituent l'âme populaire de Naples : éclatant de couleurs qui jouent avec la lumière du soleil, leurs ruelles grouillent de vie et d'éclats de voix. **Voir p. 88.**

Procida

Cette petite île authentique. mérite la traversée depuis le port de Naples. **Voir p. 153.**

Pompéi

La visite de ce site immense prend la forme d'un véritable voyage au cœur de la vie quotidienne dans l'Antiquité. **Voir p. 142.**

EXPÉRIENCES UNIQUES

Grimper dans un taxi décapotable à Capri...

pour rejoindre, cheveux au vent, la jolie Marina Piccola et piquer une tête dans ses eaux bleu azur.

Siroter un *espresso* au Caffè Gambrinus...

... vers 10h, plutôt accoudé au bar, rejoignant ainsi la cohorte bruyante et joyeuse des Napolitains. **Voir p. 76.**

Prendre le large en kayak

Pour mieux admirer la côte et ses virages le long du golfe de Naples, prenez le large à coups de pagaie. Depuis Posillipo, la vue sur la ville est sublime ; rendez-vous à la Baia delle Rocce Verdi ou au Bagno Sirena. **Voir p. 199.**

Admirer l'art de la crèche

... via San Gregorio Armeno. Les ateliers d'artisans envahissent ce coin populaire de Naples. Au milieu des vierges, santons et angelots, s'invitent parfois quelques étranges figurines... **Voir p. 32.**

Explorer les catacombes de la Sanità

Anciennement quartier des cimetières, le *rione Sanità* propose une visite souterraine de ses – nombreuses – catacombes, accompagnée des jeunes du quartier qui se sont formés au métier de guide. **Voir p. 67**.

Plonger au-dessus de ruines romaines

Au temps de Cicéron, Baia était réputée pour ses thermes. On peut découvrir ses vestiges immergés, en participant à une inoubliable session de plongée avec Subaia Campania Divers. **Voir p. 138** (www.subaia.com).

Déguster les vins du Vésuve

Avec ses terres volcaniques, le Vésuve offre un terroir unique et minéral où sont cultivés des vins corsés, comme le lacryma-christi, que vous pourrez déguster avec un repas napolitain en visitant la cave de la famille Russo. À partir de 32 €/pers., dégustation et repas avec service gratuit de navette jusqu'à la gare de Torre Annunziata Oplonti (www.cantinadelvesuvio.it).

Prendre un bain thermal à Ischia

Les Romains le savaient déjà : Ischia est connue pour ses eaux thermales aux vertus curatives. Sur la plage de Sorgeto, la source à 90 °C plonge directement dans la mer, permettant de prendre des bains chauds toute l'année, mélange d'eau douce et d'eau iodée. Accès par le sentier depuis le village de Panza (suivez les panneaux, **voir p. 153**).

Randonner au pays des citrons

Sur la côte amalfitaine, les sentiers en escaliers se faufilent entre les cultures de citrons et une nature luxuriante, avec toujours une vue splendide sur la mer.

Applaudir un opéra au Teatro San Carlo

Avec son décor néoclassique quasi inchangé depuis le XVIIIe s., le Teatro San Carlo est un monument de l'art lyrique. Au programme : concerts, danse, opéra, du répertoire classique et parfois contemporain. **Voir p. 76.**

NOS ADRESSES COUPS DE CŒUR

Pizzas incomparables, spécialités locales des petites *osterie* familiales, produits gourmands, artisans, boutiques et vie nocturne napolitaine : l'auteur vous dévoile ses adresses préférées !

Da Attilio

Une pizzeria populaire, qui sert une *margherita* inoubliable.

Voir La via Toledo et les Quartieri Spagnoli, p. 92.

Oak wine and craft beer bar

Un bar qui sert des vins naturels comme on les aime.

Voir Spaccanapoli et Santa Chiara, p. 50.

Officina

Que j'aime cette vue sur le château de l'Œuf ! Pour un *aperitivo* raffiné au soleil couchant.

Voir Chiaia et le Lungomare, p. 119.

Fattoria Terranuova

Huile d'olive bio, *limoncello*, vin ou *passata* maison… je trouve tout ce dont je rêve chez ce producteur.

Voir Sorrento, p. 175.

Cuccuma Caffè

Al 53

Par beau temps, j'aime déjeuner d'une assiette de *gnocchis alla sorrentine* sur la place.

Voir la piazza Bellini au Musée archéologique, p. 61.

L'aperitivo à Capri

L'ebbrezza di Noe

J'aime la cuisine raffinée et la sélection de vins de cette antre gastronomique à Chiaia.

Voir Le Vomero et la Certosa di San Martino, p. 107.

Cuccuma Caffè

Je m'y sens comme chez moi en sirotant mon café à la mode napolitaine.

Voir Spaccanapoli et Santa Chiara, p. 52.

Limoncello de la côte amalfitaine

UN GRAND WEEK-END SUR MESURE

Suivez notre programme pour ne rien rater des incontournables de Naples... Nous avons découpé la ville en 10 quartiers et proposons 6 escapades dans les environs. Évidemment, en trois jours, vous ne pourrez pas faire toutes ces balades. À vous de voir si vous voulez remplacer telle visite par une autre en fonction de vos centres d'intérêt.

J1

Matin

Le matin, on arpente le cœur historique de Naples. Visite du Duomo (quartier 1) et de la cappella Sansevero (quartier 2), puis flânerie dans les ruelles étroites de Spaccanapoli (quartier 3) à la découverte de ses églises, ses palais historiques et ses boutiques.

Les amateurs de folklore mettront le cap sur la via San Biagio dei Librai (quartier 3) et découvriront les crèches de la via San Gregorio Armeno (quartier 2).

Midi

Pause pizza dans une adresse incontournable : la pizzeria de Gino Sorbillo (quartier 2).

Après-midi

L'après-midi, l'église Santa Chiara et son superbe cloître (quartier 3) offrent un moment de calme. Non loin de là, passage obligé au Musée archéologique (quartier 4).

Soir

Pour terminer la journée : un spritz sur la piazza Bellini (quartier 4).

Conseils de visite

Un séjour de 4 jours est idéal si vous souhaitez passer une journée à Pompéi.
À savoir : l'été, les Napolitains quittent la ville et nombre de magasins sont fermés. Malgré la chaleur, l'ambiance peut être très agréable pour visiter en toute tranquillité.
Sur la côte amalfitaine, il est pratique de loger à Amalfi. Praiano est également très bien desservie par les bus et offre des prix légèrement plus accessibles.

J2

Matin

On sillonne les Quartieri Spagnoli le matin, quand les échoppes ouvrent, puis on

Piazza Bellini

rejoint la piazza Plebiscito par la via Toledo (quartier 7).

Visite du beau Palazzo Reale, de ses salons fastueux et de son théâtre privé (quartier 6).

Midi

On peut déjeuner les pieds dans l'eau au Borgo Marinari, face au château de l'Œuf, avant de se balader sur le *lungomare* et de découvrir les belles demeures qui le bordent, comme la Villa Pignatelli (quartier 9).

Soir

En fin d'après-midi, les férus de shopping flâneront dans les rues chic de Chiaia vers la piazza dei Martiri, entre ateliers de créateurs et boutiques de luxe. Le quartier est idéal pour dîner, puis boire un verre (quartier 9).

J3

Matin

Prenez le train pour Pompéi et consacrez une grosse demi-journée à la visite de ses ruines. (visite 12)...

Après-midi

L'après-midi, reprenez le train pour Naples en direction de Montesanto. Un funiculaire vous mènera sur les hauteurs du Vomero, d'où la vue sur Naples est extraordinaire. La Certosa di San Martino recèle une somptueuse église baroque, deux cloîtres et des modèles de crèches traditionnelles stupéfiants (quartier 8).

Soir

En sortant, *passeggiata* sur la via Scarlatti, artère principale du Vomero : les boutiques, glaciers et restaurants y sont nombreux (quartier 8).

SI VOUS PROLONGEZ VOTRE SÉJOUR

Si vous disposez d'une semaine, partez à la découverte des environs. Les quartiers excentrés, les îles du golfe et la côte amalfitaine offrent de belles possibilités d'escapades.

Le Posillipo

Le Posillipo (quartier 10)

Aux beaux jours, ce quartier établi sur un promontoire rocheux au-dessus de la mer a les faveurs des Napolitains. Des villas de rêve, qui jouissent de vues extraordinaires sur le Vésuve et Capri, se succèdent le long de la rue principale. Après avoir dégusté une glace chez Bilancione, on peut descendre vers le Capo Posillipo et profiter de son petit port animé, où l'on se baigne lorsqu'il fait chaud. Même effervescence à Marechiaro, où les restaurants de poisson ont les pieds dans l'eau.

Les îles (visites 13 et 14)

Les îles du golfe de Naples offrent de véritables parenthèses enchantées. **Capri**, avec ses villas de rêve et ses jardins luxuriants, se parcourt comme un songe éveillé ! La langoureuse **Ischia** se savoure lentement, entre bains de mer, dégustations de produits locaux et cure thermale. Enfin, **Procida**, la plus proche de Naples, est un confetti au charme encore intact. Une belle balade à pied ou à vélo vous permettra de découvrir ses ports éclatants de couleurs et ses plages volcaniques.

La Côte amalfitaine (visite 16)

C'est assurément l'un des plus beaux coins d'Italie. Entre Nerano et Salerne, la côte amalfitaine assure le spectacle avec ses paysages extraordinaires : criques émeraude, villages colorés, dômes couverts de majolique, etc. Amalfi possède des monuments remarquables, vestiges d'une riche histoire ; Ravello abrite d'incroyables villas, dont les jardins sont perchés à plus de 300 m au-dessus de la mer ; enfin, Positano, ancien village de pêcheurs devenu cité balnéaire, ajoute sa touche glamour, entre hôtels de luxe et boutiques à la mode.

Amalfi

Procida

VISITES PAR QUARTIER

Côte Amalfitaine

À SAVOIR

Visiter Naples et ses environs

Nous avons découpé la ville de Naples en 10 quartiers, et ses environs en 6 visites. Le centre historique se parcourt à pied. Pour les quartiers plus éloignés, prenez le métro, et pour grimper sur les hauteurs du Vomero, utilisez les deux funiculaires. Un réseau de bus permet aussi de rejoindre Capodimonte ou Chiaia. À défaut, les taxis sont nombreux et les tarifs abordables, mais vérifiez bien que le compteur tourne et que les tarifs sont clairement affichés. Des trains vous permettent de rejoindre **Pompéi, Herculanum** et **Pozzuoli.** Pour vous rendre sur les îles, vous aurez le choix entre les ferrys *(traghetto)* classiques ou les hydroglisseurs *(aliscafo)* et pour aller à **Sorrento,** vous pouvez opter pour le bateau ou le train.

Gratuité

Les musées nationaux sont gratuits tous les 1er dimanche du mois.

La Notte dei Musei permet de visiter gratuitement (ou pour 1 €) et en nocturne les principaux établissements de la ville le 2e w.-e. de mai (p. 203).

Conseil : osez pousser les portes des palais du centre-ville.

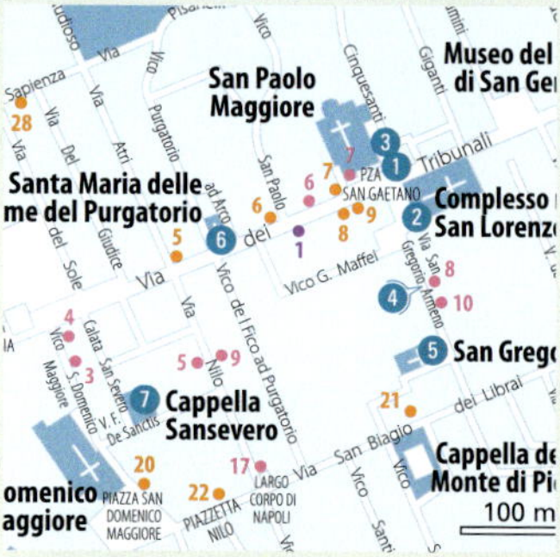

Lire les cartes

- Chaque visite est accompagnée d'un plan détaillé avec les **points d'intérêt** du quartier.
- Les **pastilles de couleur** indiquent nos bonnes adresses de **restos,** de **bars** et de **boutiques**.
- Le numéro de la pastille colorée correspond aux adresses. Reportez-vous au chapitre concerné pour lire la notice de l'établissement.

Se déplacer

À pied : c'est le meilleur moyen de découvrir la ville et de se perdre dans les ruelles du centre historique.

En métro : il vous permet de rejoindre les quartiers les plus éloignés ; plusieurs stations ont été décorées par des artistes contemporains.

En bateau, vous rejoindrez les trois îles, Sorrento ou, d'avril à novembre, les principaux villages de la côte amalfitaine. Pour les îles, il est possible de faire l'aller-retour dans la journée.

En train, on atteint Pompéi, Herculanum ou encore la côte amalfitaine et la péninsule de Sorrento.

Ischia

Se baigner

De mai à octobre, la tentation de piquer une tête est immense ! Partez vers **Procida** et **Ischia** ; la **côte amalfitaine** offre un cadre grandiose, mais les plages n'y sont pas si nombreuses. Si vous restez en ville, dans le quartier du **Posillipo**, le Bagno Elena est une plage privée installée dans une jolie petite baie. Pour en savoir plus, lire l'encadré p. 199.

Procida

Infos Covid-19

Compte tenu du contexte sanitaire, de nombreux sites et adresses peuvent encore être amenés à s'adapter à la situation. Nous vous recommandons de vérifier les horaires et conditions de visite de chaque lieu et adresse sur leur site Internet ou leur page Facebook.

LE QUARTIER DU DUOMO

1

La via del Duomo est une artère essentielle dans la culture napolitaine : c'est là que reposent les reliques de San Gennaro, saint patron de la ville. Mais la rue est également connue pour ses extravagantes boutiques de mariage, où s'amoncellent les mètres de dentelle, d'organdi et de satin. Un double visage révélateur de l'esprit de ce quartier populaire, aux ruelles animées et aux petits marchés pleins de charme. Il regorge de trésors historiques et culturels, à découvrir en toute tranquillité.

Fresque du Duomo

1 Duomo✦✦

Cathédrale

La cathédrale, commencée au XIIIe s., fut construite sur le site d'une basilique datant du Ve s. Elle ne conserve que peu de traces du gothique angevin de ses origines, l'édifice ayant subi de nombreuses – et parfois malheureuses – modifications. Connu essentiellement pour abriter le trésor de San Gennaro (visite à part, p. 22), le Duomo possède bien d'autres richesses. L'impressionnante nef, la chapelle Santa Restituta et surtout le baptistère paléochrétien méritent une visite.

Un mille-feuille de styles

C'est à Charles Ier d'Anjou et à son fils Charles II, dit « le Boiteux », que l'on doit la construction du Duomo, qui s'étale entre la fin du XIIIe s. et le début du XIVe s. De cette époque ne subsistent que les trois portails gothiques de la façade, conçus par Antonio Baboccio da Piperno, qui participa aux travaux du Duomo de Milan. Les tremblements de terre de 1349 et de 1456, les remaniements de la Renaissance, les ornementations baroques et les restaurations du XIXe s. ont résolument modifié la structure et l'harmonie gothique de l'édifice.

L'intérieur

L'intérieur de l'édifice, en forme de croix latine, éblouit par son faste. Soutenue par 16 piliers polystyles adossés à 110 colonnes antiques, la nef centrale est couverte d'un plafond en bois orné de peintures datant de 1621. En haut des murs, des fresques de Luca Giordano représentent les saints apôtres, les docteurs de l'Église et les patrons de la cité.

La basilique Santa Restituta et le baptistère San Giovanni in Fonte

La partie gauche du Duomo, la plus archaïque, correspond à l'ancienne basilique paléochrétienne. La dernière chapelle sur la gauche renferme une **mosaïque** de 1322, réalisée par Lello Da Orvieto : la Vierge, sainte Restitute et saint Janvier sont représentés dans une belle harmonie toute byzantine. À droite, un véritable chef-d'œuvre vous attend dans le **baptistère** (entrée payante), qui serait le plus ancien du monde occidental. La voûte et une partie des murs sont recouvertes d'admirables mosaïques aux tons bleu et or datant du Ve s. Elles représentent les épisodes bibliques des Noces de Cana, de la Pêche miraculeuse et de la Lapidation de saint Étienne.

Pause traditionnelle : Da Michele

Exquise et sans fioritures, la pizza prend ici tout son sens. On n'y sert que la *margherita* et la *marinara* (ail, huile, tomates, origan). Ouvert depuis 1888, l'endroit n'a guère changé d'aspect depuis les années 1930 : trois salles autour du four à bois central. La qualité et les prix défient toute concurrence (7 € pour une pizza-bière). Incontournable et toujours bondé !

1 **Plan I7** • *Via Cesare Sersale, 1/3* • *M° Garibaldi* • *081 5539204* • *www.damichele.net* • *Lun.-sam. 11h-23h.*

Via del Duomo, 149 • ☎081 449097 • www.chiesadinapoli.it • Lun.-sam. 8h30-13h30 et 14h30-20h, dim. et j. fériés 8h30-13h30 et 16h30-19h30 • Accès libre dans la nef • Baptistère : 2 €.

❷ Museo del Tesoro di San Gennaro✦✦

Depuis le XVIIe s., les reliques de San Gennaro sont conservées dans le chef-d'œuvre baroque de la chapelle du Trésor, construite en 1608 pour honorer un vœu que les Napolitains avaient fait au saint patron de la ville lors d'une épidémie de peste en 1526. Un musée présente désormais les trésors qui lui sont associés en même temps que la chapelle qui lui a été dédiée.

Le miracle de la liquéfaction du sang

Décapité en 305, le corps de Gennaro fit des allers-retours entre Naples et Bénévent, dont il était l'évêque. Lorsque, au XVe s., on procéda à une dernière translation du corps, le sang du saint se mit à couler et fut recueilli dans des ampoules. Depuis, chaque année, le 1er dimanche de mai et le 19 septembre, le sang coagulé de San Gennaro se liquéfie. Le rite, très suivi, a presque fonction d'oracle. Si le miracle est retardé ou ne s'accomplit pas, c'est le signe de graves malheurs.

La cappella di San Gennaro

Cette chapelle frappe par sa magnificence. Toute de marbre, d'argent et de bronze, elle abrite le trésor de San Gennaro : un buste reliquaire en argent doré renfermant le crâne du saint et les fameuses ampoules contenant son sang coagulé. La chapelle Minutolo, qui a conservé sa structure gothique, est ornée de mosaïques de la même époque.

Via del Duomo, 149. Entrée indépendante, située du côté droit du Duomo • www.museosangennaro.it • ☎ 081 294980 • T.l.j. 9h30-17h45 • Entrée : musée + chapelle : 10 €; chapelle : 4 €; musée + chapelle + musée Filangieri : 12 €.

3 Museo Diocesano et Chiesa Santa Maria Donnaregina Vecchia✦✦

On entre dans ce vaste complexe conventuel par l'église baroque de Santa Maria Donnaregina Nuova, commandée au XVIIe s. par les sœurs clarisses installées ici. La décoration est particulièrement exubérante : marbres polychromes, fresque de Francesco Solimena (au-dessus du presbytère), tableaux de Luca Giordano sur l'autel, etc. À l'étage, on découvre les collections du Musée diocésain de Naples, qui contient près de 300 œuvres de peintres napolitains du XVIe au XIXe s. Vaccaro et De Matteis figurent parmi les artistes les plus fameux.

Santa Maria Donnaregina Vecchia

Le clou de cette visite est sans conteste la découverte de l'église Donnaregina Vecchia, à laquelle on accède après avoir traversé une petite cour. Commandée en 1307 par Marie de Hongrie, épouse de Charles II d'Anjou, elle

Santa Restituta

fut achevée en 1316. Le plafond à voûte croisée, les hautes fenêtres jumelées et les piliers octogonaux sont caractéristiques du gothique angevin. La reine, qui devait apprécier l'endroit, ordonna ensuite que sa sépulture y fût édifiée. Le baldaquin gothique incrusté de mosaïques et les délicates statues de saints et d'anges présentent une unité parfaite. Avant de partir, montez au 1er étage, dans le chœur destiné aux sœurs : un splendide cycle de fresques, peint à l'époque de la construction de l'église, vous attend. L'incendie qui l'a quelque peu altéré et les ajouts postérieurs n'ont pas réussi à briser son extraordinaire harmonie.

Largo Donnaregina, 7 • www.museodiocesanonapoli.com • ☏ 081 5571365 • Mer.-lun. 9h30-16h30, dim. 9h30-14h • Entrée : 7 €.

4 MADRE✦✦

Musée d'Art contemporain

Le MADRE s'est installé derrière la flamboyante façade jaune du Palazzo Donnaregina. Au rez-de-chaussée, on est accueilli par l'œuvre de Daniel Buren, tout en couleurs et illusions (photo). Au 1er étage, place à la crème des artistes contemporains, : Jeff Koons, Anish Kapoor, mais aussi Sol LeWitt ont réalisé *in situ* des œuvres pour le musée. Au 2e étage de belles surprises, comme les croquis d'Ettore Sottsass ou un Warhol. L'ensemble se déploie sur près de 8 000 m² et accueille également des expositions temporaires, une librairie et un café. Sans oublier le toit-terrasse, où la vue est enrichie des œuvres *side-specific* de Bianco-Valente ou de Mimmo Paladino.

Via Luigi Settembrini, 79 • ☏ 081 19528498 • www.madrenapoli.it • Lun., mer.-sam. 10h-

19h30, dim. 10h-20h • Entrée : 8 €, gratuit 1er dim. du mois.

5 Ospedale Santa Maria della Pace✦✦

Hôpital Santa Maria della Pace

Ce palais accueillait les lépreux puis les infirmes jusqu'au début des années 1960. Plafonds et murs sont superbement décorés des fresques de Giacinto Diano (XVIIIe s.). Du haut des galeries intérieures, parents et amis venaient voir leurs proches, sans s'exposer aux risques de la contagion. L'ancien hôpital est aujourd'hui une église dédiée au culte ukrainien.

Via dei Tribunali, 227 • Pour visiter le Lazzaretto, prendre r.-v. au 081 7951339 • Accès libre.

Restos | Bars | Hôtels | Shopping | Activités

Restos Bistrots

Casa Tua al Duomo

Poisson 2 Plan I7

Cette petite trattoria du quartier populaire du Duomo cache bien son jeu. Dès l'entrée, on est accueilli par un généreux banc de poissons ultra-frais et on comprend que l'on va se régaler. Poulpe, daurade, homard, huîtres, bar, etc. Andrea, le jovial maître de salle, saura vous conseiller. Mais là n'est pas le seul atout de ce restaurant. En cuisine, le jeune chef Antonio Potenza revisite les grands classiques napolitains avec une parfaite maîtrise : ainsi sa *genovese*, sauce constituée de tomates, oignon et bœuf, cuite pendant… 7h ! Les délicieux pains et *bruschette* sont tous réalisés dans le four à pizza.

Via dei Cimbri, 5/7/9 • M° Porta Nolana ou Garibaldi • ☎ 081 18814079 • Facebook : casatuaalduomo • T.l.j. 11h-15h30 et 19h-minuit • Antipasti : 7-14 €; primi : 8-12 €; secondi : 10-19 €.

Mimì alla Ferrovia

Tradition 3 Plan F2

Ce « temple de la cuisine napolitaine » est réputé pour son immense cortège de hors-d'œuvre (jusqu'à 30 types différents), pour la qualité et la préparation des poissons (en papillote, au four, au sel, à l'*acqua pazza*) et, bien sûr, pour sa spécialité, les *ravioli ripieni alla spigola* (loup de mer : 12 €), que vous pouvez accompagner d'un vin de production familiale, le Lettere.

Via A. d'Aragona, 21 • M° Garibaldi • ☎ 081 5538525 • www.mimiallaferrovia.it • Lun.-sam. 12h-16h et 19h-23h30 (ouv. dim. déc.-6 janv.) • Repas : 35 €.

Januarius

Cuisine locale 4 Plan ##

On est à deux pas du Duomo, mais le ton, contemporain, est donné dès l'entrée avec un *San Gennaro* street art accueillant les clients. Le saint patron est omniprésent à travers des clins d'œil dans la déco, kitsch mais pas trop : lampes en forme de mitre, statuettes saintes cachées entre les bouteilles… On déguste de belles assiettes inspirées de la tradition napolitaine, qui mettent en valeur les produits d'excellence de la Campanie, tous très bien sourcés.

Via Duomo, 146/148 • ☎ 0810 14 59 80 • Mer-lun 12h-15h et 19h-23h.

Hôtels B&B

B&B Diletto a Napoli

B&B

Derrière le Duomo, 4 chambres spacieuses décorées avec originalité, avec salle de bains privative.

Vico Sedil Capuano, 16 (Plan I6, quartier 1) • M° Piazza Cavour • ☎ 081 0330977 • www.maisonsdecharme.it/dilettoanapoli/ • De 50 à 80 €.

B&B Cerasiello

B&B

À deux pas de la via del Duomo, 4 chambres avec salles de bains privatives. Cuisine, salon et vaste terrasse sous pergola…

Via Supportico Lopez, 20 (Plan E2, quartier 1) • M° Piazza Cavour • ☎ 081 0330977 ou ☎ 338 9264453 (mob.) • De 55 à 90 €.

Shopping Cadeaux

Omega

Cuir 1 Plan H6

Depuis 1923, les Squillace perpétuent la tradition. Leurs gants en cuir sont coupés puis piqués à la main. Pas moins de 15 personnes travaillent sur une paire, qui est l'objet de 25 opérations différentes. Quoi d'étonnant à ce qu'on ait envie d'en acheter une de chaque couleur ? Car ces merveilles sont de véritables œuvres d'art… À partir de 25-30 €.

Via Stella, 12 • M° Piazza Cavour • ☎ 081 299041 • www.omegasrl.com • Lun.-ven. 9h-17h30.

Versione Luce

Déco 2 Plan I7

Les créations éclectiques de la boutique et du showroom sont de toute beauté. Néons et lustres, appliques et globes – des pièces originales de designers de toute l'Europe. On trouve son bonheur à partir de 60 €, mais les prix flambent vite.

Via dei Tribunali, 278/279, via del Duomo, 176 • M° Piazza Cavour • ☎ 081 298275 • www.versioneluce.it • Lun.-sam. 10h-20h.

NOS MEILLEURS RESTOS DE POISSON

Naples a beau être au bord de la mer, ses spécialités sont plutôt terriennes. Cela n'empêche aucunement de trouver d'excellentes adresses pour déguster poissons et fruits de mer. Dans les îles, on les sert à peu près partout : poulpe, thon, espadon ou moules figurent parmi les classiques.

Casa Tua al Duomo

Poisson et fruits de mer ne sont pas forcément chers ! La preuve avec cette délicieuse *osteria* populaire, située à quelques enjambées du Duomo de Naples.

Voir p. 25, quartier 1.

L'Altro Coco Loco

Un magnifique cadre pour une cuisine de haute volée. Poisson et fruits de mer règnent en maîtres, servis avec des pâtes, crus ou frits. Superbe carte des vins.

Voir p. 114, quartier 9.

Caracalè

À Procida, quel bonheur de déjeuner sur le port coloré de Marina Corricella ! Chez Caracalè, le poisson sort tout juste de l'eau, le vin blanc est bien frais, et l'accueil, soigné.

Voir p. 157, visite 13.

Lido Azzurro

Dans la baie d'Amalfi, une terrasse posée sur l'eau et de mythiques *spaghetti alle vongole*, servis du poêlon à l'assiette par une équipe virevoltante.

Voir p. 184, visite 16.

Poisson frais, Naples

LA PIZZA, UN METS DIVIN

La pizza napolitaine est incontestablement la meilleure. Elle a d'ailleurs fait son entrée au patrimoine mondial de l'Unesco. C'est, en effet, l'aliment qui représente le mieux Naples et sa tradition culinaire. Sensuelle, populaire et noble à la fois, elle a ce quelque chose de magique qui la rend irrésistible.

Une origine contestée

Plusieurs villes revendiquent son origine. Il semble que la pizza était **déjà connue en Italie il y a 3000 ans.** Le mot dériverait du terme latin *picea*, désignant une pâte écrasée cuite sur une piastre brûlante. Peu importent les querelles, si elle n'est pas napolitaine de naissance, elle l'est d'adoption, et c'est ici qu'elle a pris toute son importance avant de conquérir le monde.

Plaisir des sens

La dégustation de la pizza en appelle à **tous les sens à la fois :** la vue est captée par les couleurs des différents ingrédients, l'ouïe par le crépitement du four qui doit absolument être au bois ; l'odorat est aiguisé par le parfum des ingrédients mêlés, le goût flatté par la saveur incomparable et pourtant variable de la pizza ; le toucher entre en jeu lorsque les doigts s'emparent du disque de farine tout chaud.

Un talent secret

Le secret de la pizza réside dans des ingrédients simples : farine, eau, levure, sel, basilic, origan, ail et huile. Le processus de la cuisson associe les éléments fondamentaux de la vie : l'air et le feu, l'eau et la terre (à travers le four). Mais le miracle est obtenu grâce au **mystérieux talent du pizzaïolo** !

Pulcinella et gourmandise des rois

À Naples, la pizza est devenue un point de rencontre entre goût aristocratique et tradition populaire : tous aiment *farsi una pizza.* Elle est capable de rassasier les plus pauvres et de satisfaire la légendaire

Où la manger ?

Impossible de quitter Naples sans avoir savouré la pizza dans son cadre idéal : les pizzerias populaires du centre historique. Il est déconseillé de les fréquenter aux heures de pointe, surtout le samedi entre 21h et 23h. Si c'est le cas, donnez immédiatement votre nom à l'employé et allez patienter dehors ! Voir notre top des meilleures pizzas p. 65.

Pizzaïolos au travail

gloutonnerie de Pulcinella. Comme elle, elle est **un archétype de l'imaginaire napolitain**. Mais elle est également appréciée des puissants. On raconte en effet que le roi Ferdinand II se faufilait dans la Pizzeria del Testa sans dévoiler son identité, pour goûter la « fougasse napolitaine » du fameux pizzaïolo Domenico.

Margherita

En 1889, le pizzaïolo Raffaele Esposito fut convoqué au palais de Capodimonte pour préparer une pizza pour la famille royale. Il en confectionna trois différentes. Celle avec **tomates, mozzarella et basilic, aux couleurs de l'Italie**, enthousiasma tellement la reine Margherita qu'on lui donna son nom…

Où trouver la vraie pizza napolitaine ?

L'association Vera Pizza Napoletana a mis au point une sorte de cahier des charges dans lequel sont contenues toutes les règles pour préparer la vraie pizza : *mozzarella di bufala*, tomates de San Marzano et huile d'olive vierge extra. Les pizzerias qui s'y conforment sont signalées par une enseigne aux couleurs vert, blanc et rouge indiquant « Vera Pizza Napoletana ». Mais la pizza peut être excellente sans cette appellation ! ■

LA VIA DEI TRIBUNALI ET SAN LORENZO MAGGIORE 2

La via dei Tribunali, qui traverse le centre de Naples d'ouest en est, correspond à l'ancien *decumanus maximus* romain, axe majeur de la cité antique. Aujourd'hui scooters, piétons et enfants jouant au foot tentent d'y faire bon ménage. Images pieuses trônant au milieu des tomates sur les étals des marchands ambulants, modestes boutiques d'alimentation, églises baroques ou gothiques, pizzerias et santons forment l'étonnante mosaïque de cette Naples intemporelle et populaire.

Cloître San Gregorio Armeno

1 Piazza San Gaetano✦

Cette place asymétrique, bordée de nombreux monuments, est aujourd'hui l'un des principaux points de rencontre du centre de Naples. Rien d'étonnant à cela : elle se situe à l'endroit même de l'ancienne agora grecque de Neapolis, à laquelle succéda le forum romain. Montez l'escalier qui grimpe vers la **basilica San Paolo Maggiore**, construite sur l'ancien temple romain des Dioscures : les deux colonnes antiques qui soutiennent encore l'édifice sont impressionnante !

2 Complesso Monumentale San Lorenzo Maggiore✦✦✦

Joyau de l'art gothique angevin, San Lorenzo Maggiore fut commandé par Charles Ier d'Anjou à la fin du XIIIe s. Ce vaste complexe conventuel recèle nombre de merveilles disséminées entre sa basilique, son cloître et son monastère. Mais une surprise vous attend dans ses entrailles : des ruines grecques, romaines et paléochrétiennes de grande valeur ont été mises au jour. On peut les découvrir au cours d'une passionnante visite guidée.

Basilique San Lorenzo Maggiore

L'ensemble a beaucoup évolué au cours des siècles, mais la basilique a peu à peu retrouvé son harmonie gothique. Des multiples modifications baroques, seules la façade, que l'on doit à Sanfelice, et deux chapelles ont été conservées. La nef unique est un brillant manifeste d'art gothique, ses hautes colonnes de pierre guidant le visiteur vers le maître-autel réalisé par G. Da Nola, et subtilement mis en valeur par le déambulatoire aux neuf chapelles rayonnantes. Le **tombeau de Catherine d'Autriche,** œuvre de Tino Di Camaino, est un pur chef-d'œuvre.

Le cloître, la salle capitulaire et le réfectoire

À droite de la façade de l'église, une entrée mène au cloître. Remarquez les fondations d'une ancienne tour antique au milieu de sa cour. En face, la salle capitulaire gothique, avec ses fresques présentant des généalogies de papes, d'évêques et de dignitaires franciscains, est un véritable *Who's Who.* Quant au vaste réfectoire, également appelé **« salle Sixte V »,** il servit un temps au Parlement royal aragonais. Les jolies fresques qui couvrent ses voûtes datent du XVIIe s.

La zone archéologique (La Neapolis Sotterrata)

C'est un fabuleux voyage dans le temps, qui permet de

Pause pizza : Gino Sorbillo

Dans la via dei Tribunali, on trouve de très nombreuses pizzerias... Mais au nº 32, l'Antica Pizzeria de **Gino Sorbillo,** à la devanture bleue et blanche, figure parmi les plus réputées. La pâte, qui lève pendant 12 à 14 heures, y est moelleuse et dorée comme nulle part ailleurs. Une merveille ! Si la queue est trop longue (fréquent) et que vous ne redoutez pas les apports caloriques, vous pouvez vous rabattre sur la version street food, chez **Zia Esterina Sorbillo.** Sa *pizza fritta* (3,50 €), chausson de pâte à pizza bio fourré de ricotta frite dans l'huile, est dé-li-cieuse.

5 Plan H7 • Gino Sorbillo : *via dei Tribunali, 32 • www.sorbillo.it • Lun.-sam. 12h-15h30 et 19h-23h.*

Zia Esterina Sorbillo : *via dei Tribunali, 37 • ☎ 081 4421364 • www.sorbillo.it • Lun.-sam. 12h-15h30 et 19h-23h.*

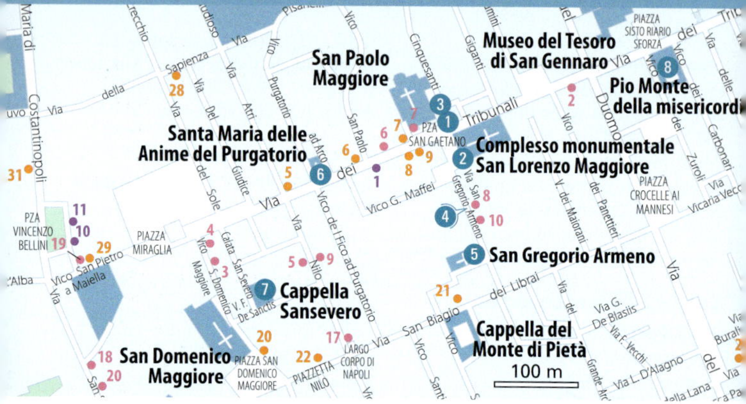

comprendre l'histoire de Naples à travers ses différentes strates de construction. Vous découvrirez l'**ancien marché romain** *(macellum)*, avec sa salle des coffres, ses échoppes, sa tannerie ou sa boulangerie, mais aussi une **basilique paléochrétienne** et des vestiges de fondations grecques. Une visite qui peut être approfondie au Museo dell'Opera (à droite de la billetterie).

Via dei Tribunali, 316 • ☏081 2110860 • www.laneapolissotterrata.it

Église : *lun.-sam. 8h30-19h, dim. 9h-13h et 17h-19h30 • Entrée gratuite.*

Cloître, zone archéologique et musée : *t.l.j. 9h30-17h30 • Entrée : 9 €; avec la visite guidée : 11 € • Pour réserver la visite en français : visite.sanlorenzo@libero.it*

3 Napoli Sotterranea✦✦

Le sous-sol de Naples est une vraie leçon d'Histoire. À quelques pas de San Paolo Maggiore, l'association Napoli Sotterranea (p. 204) vous révélera tous ses secrets au cours d'une visite guidée de près de 2h dans des galeries étroites et labyrinthiques. On découvrira des carrières de tuf d'origine grecque, un aqueduc d'époque romaine, un abri antiaérien, des réservoirs d'eau et des catacombes.

Piazza San Gaetano, 68 • ☏081 296944 ou ☏340 4606045 • www.napolisotterranea.org • Visites t.l.j. 10h-18h (21h jeu.) sur résa (par tél. ou info@napolisotterranea.org) en italien, en anglais ou en français (moins nombreuses) • Entrée : 10 €.

4 Via San Gregorio Armeno✦

C'est dans cette longue ruelle que l'on trouve les fameuses crèches napolitaines, héritage d'une tradition locale séculaire. Des plus simples aux plus sophistiquées, elles envahissent boutiques et ateliers. Les plus beaux santons et décors, fabriqués depuis plus de quatre siècles de manière artisanale, côtoient désormais les caricatures de stars du show-biz, du sport ou de la politique, ou les articles *made in China*. Dès novembre, une chaleureuse atmosphère de fête familiale s'empare de la rue. Il faut près de deux heures pour la parcourir lors de l'Immacolata (8 décembre), jour férié traditionnellement dédié à la décoration du sapin de Noël et de la crèche. En temps normal, 5 minutes suffisent !

5 Chiesa di San Gregorio Armeno⁺⁺

Construit au VIIIᵉ s. pour abriter les reliques de saint Grégoire, évêque d'Arménie, le couvent fut ensuite transformé afin d'isoler les religieuses du reste des fidèles. L'église actuelle, datant de la fin du XVIIᵉ s., est d'une exubérance baroque féerique : les stalactites de boiseries incrustées et dorées ainsi que les plafonds à caissons sont remarquables.

Le cloître

En sortant de l'église, remontez la via San Gregorio Armeno, puis

Santons via San Gregorio Armeno

tournez à gauche. Un large escalier en pente douce, ancienne entrée du couvent, vous mènera dans un paisible cloître organisé autour d'un délicieux jardin, au centre duquel se trouve une fontaine bordée d'orangers. Prenez le temps d'en faire le tour, c'est un havre de paix incomparable : tintements de cloche, odeurs de fleurs et de cuisine et pas furtifs des sœurs vous accompagneront. En sortant, remarquez le campanile coloré datant du XVIIe s. qui enjambe la via San Gregorio Armeno.

Via San Gregorio Armeno, 44 • 081 5520186 • Lun.-ven. 9h30-13h, sam.-dim. 15h-18h • Entrée : 4 €.

6 Santa Maria delle Anime del Purgatorio✦

Sainte-Marie-des-Âmes-du-Purgatoire

Trois petites colonnes de pierre surmontées d'une tête de mort en bronze ainsi que des œillets déposés chaque jour signalent cette église dite « des têtes de mort ». Construite au XVIIe s., elle tire sa macabre originalité de son ossuaire

Cappella Sansevero

et de son cimetière souterrain. Les crânes, bichonnés et conservés dans des niches, rappellent que ce culte populaire des âmes du purgatoire, bien que désavoué par l'Église en 1967, demeure vivace.

Via dei Tribunali, 39 • ☏ 081 440438 • www.purgatorioadarco.it • Janv.-mars lun.-ven. et dim. 10h-14h, sam. 10h-17h; visite guidée tous les sam. à 12h • Entrée pour le musée : 6 € • Contribution demandée pour l'église supérieure et l'hypogée.

7 Cappella Sansevero et *Le Christ voilé*✦✦✦

Chapelle Sansevero

Construite en 1590 pour abriter les tombes de la famille Di Sangro, la chapelle doit sa riche décoration baroque, où se mêlent symboles maçonniques et chrétiens, au prince Raimondo Di Sangro. Il y fit ajouter au XVIIIe s. des marbres polychromes, des fresques et surtout les statues qui la rendirent célèbre.

L'exubérance baroque

Troublantes de réalisme, les sculptures baroques qui ornent la chapelle sont des chefs-d'œuvre de virtuosité. À droite du chœur, le *Disinganno* (« la Désillusion ») de Francesco Queirolo, qui tente de se libérer d'un filet sculpté, est une prouesse technique. Réalisée en mémoire de la mère de Don Raimondo, morte prématurément, la *Pudicizia* (« la Pudeur ») d'Antonio Corradini prend la forme d'une femme dont le corps est suggéré par un voile.

Le Christ voilé

C'est à Giuseppe Sanmartino que l'on doit ce Christ allongé d'une beauté dramatique. Sculptée en 1753, l'œuvre est célèbre pour l'extraordinaire finesse du voile qui couvre le corps du Christ mort. La transparence du plissé de marbre laisse deviner le détail des formes, soulignant la force expressive du gisant. C'est, de loin, la sculpture la plus émouvante de toutes les collections napolitaines.

Via F. De Sanctis, 19 • ☏ 081 5518470 • www.museosansevero.it • Lun.-ven. 9h-19h, sam. 9h-20h30 (19h janv.-mai); billetterie f. 30 min avant • Entrée : 10 € • Résa obligatoire.

8 Pio Monte della Misericordia✦

C'est dans cette église que le Caravage a laissé l'une de ses œuvres majeures, les *Sept œuvres de Miséricorde*. L'écrin qui l'abrite, une splendide chapelle du XVIIIe siècle, rend l'ensemble encore plus monumental. La congrégation des commanditaires (encore en activité) gère également une *quadreria* contenant les toiles de sa collection, et une section contemporaine composée de dons d'artistes internationaux (Anish Kapoor, Joseph Kosuth, Jan Fabre...).

Via dei Tribunali, 253 • www.piomontedellamisericordia.it • lun-sam 10h-18h dim 9h-14h30.

Restos Bistrots

Trattoria La Campagnola

Trattoria 6 Plan H7

Cette adresse se classe parmi les valeurs sûres du quartier. Carte solide et variée où poissons et fruits de mer côtoient risotto aux légumes du jardin ou pâtes aux saucisses et brocolis... Les *spaghetti ai frutti di mare* sont réjouissants ! Belle sélection de vins, affichés sur une grande ardoise. Service très sympathique – un brin désinvolte.

Via Tribunali, 47 • M° Museo • ☏ 081 459034 • Jeu.-mar. 12h30-16h et 19h30-23h30 • Mieux vaut appeler car les jours de fermeture peuvent changer • Antipasti : 4-12 €; primi : 8-12 €; secondi : 5-13 €.

I Decumani

Pizzeria 7 Plan H7

Au cœur de la Naples antique et populaire, celle des santons et des images pieuses, la famille d'Alessio s'évertue depuis six générations à prouver chaque jour qu'en matière de pizza, l'imagination est sans limites. Parmi les 45 recettes à déguster sur un plateau de marbre, dans la fraîcheur de ses murs épais, la Decumani (10 €) offre un tour des saveurs napolitaines : *friarielli*, aubergine, mozzarella entière, saucisse, ricotta, champignons, poivron, etc.

Via dei Tribunali, 58 • M° Dante • ☏ 081 5571309 • Mar.-dim. 12h-16h30 et 19h-minuit • Pizzas : 6-13 €.

Da Carmine

Trattoria 8 Plan H7

Dans un décor assez dépouillé, Adele est aux fourneaux et le reste de la famille en salle. Les plats sont simples et savoureux : les *gnocchi alla sorrentina* (7 €) et les pâtes fraîches sont tout particulièrement recommandés. Durant la période de Noël et du Mai des monuments, la trattoria ouvre aussi le lundi.

Via dei Tribunali, 330 • M° Dante • ☏ 081 294383 • Mar. 12h30-15h30, mer.-sam. 12h30-15h30 et 18h-23h, dim. 12h30-15h30 • Repas complet : 15-20 €.

Capparelli

Pâtisserie 9 Plan H7

Salvatore s'est autoproclamé *il re del babà* : « le roi du baba ». Il est vrai que sa pâtisserie compte parmi les très bonnes adresses de la ville. Sa pâte monte pendant 6h, est trempée dans le sirop, le rhum... et un ingrédient qu'il gardera secret. Baba individuel : 1,20 € ; grand modèle : 1,80 €.

Via dei Tribunali, 324-325-327 • M° Dante • ☏ 081 454310 • Facebook : pasticceriacapparelli • Mar.-dim. 8h-20h30.

Bars, clubs Sorties

Portico 340

Café littéraire 1 Plan H7

Parfait pour les débuts de soirée, un joli café littéraire où des citations de Brecht, Hugo, Wilde et Monet ornent la porte. En terrasse ou dans le bar étroit en bois, on sirote un verre de vin en bouquinant, si on le souhaite, les ouvrages piochés dans la bibliothèque...

Via dei Tribunali, 340 • M° Museo • lun.-jeu. 8h30-20h, ven.-sam. 8h-22h, dim. 18h30-21h.

Hôtels B&B

Hotel Suite Esedra

Hôtel

Dix-sept chambres artistiquement décorées avec salles de bains en majolique et petits balcons fleuris... Adresse charmante.

Via Cantani, 12 (Plan E3, quartier 2) • M° Garibaldi • ☎ 081 287451 • www.hotelsuiteesedranapoli.it • De 70 à 80 € • F. temporairement.

Shopping Cadeaux

Kiphy Saponi

Savons 3 Plan H7

À chaque peau son savon, c'est l'idée de Giuseppina, maître savonnière. Mi-chimiste, mi-artiste, elle donne à ses blocs de savon la couleur et les veinures des marbres les plus précieux. La simplicité des huiles d'olive ou d'amande biologiques est relevée d'huiles essentielles d'orange, de bergamote, de coriandre, de lavande ou de mille autres senteurs méditerranéennes. Pour les peaux sèches et pour les peaux plus grasses : celui à la citronnelle ou au citron (3-5 €/100 g).

Vico San Domenico Maggiore, 3 • M° Dante • ☎ 340 2849691 (mob.) • www.kiphy.it • Lun.-sam. 10h30-14h et 16h-19h30.

Bottega 21

Cuir 4 Plan H7

Dans son atelier, Lino perpétue la tradition napolitaine du cuir. Sacs, besaces, pochettes, cartables, portefeuilles, tout est coupé, assemblé et fini sur place comme dans une boutique d'antan. Ses créations – de la pleine fleur de veau – mêlent cuirs lisses et granuleux et marient aussi des couleurs vives. On aime beaucoup ses pochettes à rabat avec lanière en cuir (à partir de 29 €), ses longs sacs de voyage en cuir très fin (240 €), ses pochettes à tabac (25 €) et ses cartables costauds pour la rentrée (149 €).

Vico San Domenico Maggiore, 21 • M° Dante • ☎ 081 0335542 • Lun.-sam. 10h-20h.

Riccardo Ruggiano

Déco 5 Plan H7

Riccardo Ruggiano est un sculpteur génial. Il puise son inspiration dans la culture napolitaine, quitte à s'en moquer un peu, à l'image de son San Gennaro rouge en liquéfaction permanente (250 €). Les objets du quotidien l'inspirent aussi, ainsi la boîte à œufs en porcelaine (180 €). À glaner encore : des lampes à huile façon lampe d'Aladdin (30 €) et de superbes masques de la comédie grecque et romaine en latex ou en terre cuite.

Via Nilo, 35 • M° Dante • ☎ 081 5518125 • www.riccardoruggiano.it • Lun.-sam. 10h30-14h et 16h30-19h30, dim. 11h-14h.

Riccardo Ruggiano

La Scarabattola

Santons 6 Plan H7

La crèche napolitaine façon XVIIIe s. ? Oui, mais la vision artistique et le goût de la provocation en plus. À côté de la Sainte Famille, les frères Scuotto ont imposé les personnages du travesti et du mafioso, célèbres au XVIIIe s. (déjà !), mais bannis par la censure. D'autres encore, comme cette femme nue sortant du bain ou cet enfant noir né de l'union d'une Napolitaine et d'un *marine* pendant la guerre. Des œuvres uniques (500-550 €) réalisées dans les règles de l'art (terre cuite, fil de fer et étoupe), mais aussi de petites productions en série de Pulcinella et de Monaciello (« le nain malicieux ») entre 20 et 60 €.

Via dei Tribunali, 50 • M° Museo ou Piazza Cavour • ☎ 081 291735 • www.lascarabattola.it • Lun.-ven. 10h30-14h et 15h30-19h30, sam. 10h-18h (nov.-déc. : dim. 10h30-14h).

Limoné

Limoncello 7 Plan H7

Situé en plein cœur du centre historique, ce magasin-laboratoire offre un double avantage. D'une part, il possède un vaste choix de limoncello (liqueur de citron), dans des bouteilles aux formes amusantes (13 € les 50 cl), mais en plus vous aurez droit à une visite guidée (3 €) du laboratoire où l'on vous fera découvrir les secrets de fabrication.

Piazza San Gaetano, 72 • M° Museo ou Piazza Cavour • ☏ 081 299429 • www.limoncellodinapoli.it • T.l.j. 11h-20h30.

Giuseppe E Marco Ferrigno

Santons 8 Plan H7

Le maître Giuseppe n'est plus, mais les santons, anges et Pulcinella Ferrigno n'en sont pas moins exposés à New York, Paris, Arles, etc. grâce au talent de son fils Marco, qui écrit la suite de cette saga familiale commencée en 1836. Ce sont de vrais chefs-d'œuvre, nés de la tradition du XVIIIe s., de la fantaisie et de la technique d'artisans qui travaillent sous vos yeux. Les figurines sublimes (3-500 €), fabriquées en terre cuite, bois, cire et soie, ressuscitent les scènes de la Naples d'antan, aux côtés de personnalités actuelles : la crèche n'est jamais immuable !

Via San Gregorio Armeno, 8 • M° Museo ou Piazza Cavour • ☏ 081 5523148 • www.arteferrigno.it • Lun.-sam. 9h-19h (dim. f. à 18h30).

London

Mode urbaine 9 Plan H7

En plein centre historique, une curiosité que cette boutique multimarque branchée, tendances urbaine et sportswear. Elle fait valser les étiquettes européennes et américaines : Levi's, Adidas, Klinge, The North Face. Trois grandes salles, dont une pour les chaussures et les sneakers.

Via Nilo, 33 • M° Dante • ☏ 081 5422022 • www.londonstore.it • Lun.-ven. 10h-14h30 et 16h-20h, sam. 10h-20h, dim. 11h20-20h.

Di Virgilio

Santons 10 Plan H7

Les innombrables santons et crèches de style XVIIIe s. proviennent de l'atelier familial, créé en 1840, ou d'autres excellents artisans de la région. D'une facture remarquable, les *pastori* de 4 cm sont les plus expressifs de tous, mais, attention, leur petite taille ne veut pas dire qu'ils sont moins chers, comptez 10-20 € pièce. Accompagnez-les de miniatures, des paniers minuscules regorgeant de victuailles, en cire de préférence (4-10 €).

Via San Gregorio Armeno, 18 et 43 • M° Museo ou Piazza Cavour • ☏ 081 5524064 • www.divirgilioart.com • Lun.-ven. 10h-20h.

NAPLES BAROQUE

Naples est la ville baroque par excellence. La rue-théâtre avec ses cris, ses mises en scène improvisées, sa prodigieuse vitalité, donne la première grande leçon de baroque napolitain et ouvre les portes d'un décor architectural désordonné.

Catastrophes et saints patrons

La religiosité baroque s'impose à Naples dès la fin du XVIe s. L'Église de la Contre-Réforme trouve, dans le royaume de Naples, un terrain de prédilection.

L'éruption meurtrière du Vésuve en 1631, la révolte populaire de Masaniello en 1647 et l'épidémie de peste qui emporte, en 1656, la moitié de la population de la ville (300 000 personnes) sont autant de tragédies qui ont eu une répercussion immédiate dans les arts. La peur exacerbe le sentiment religieux, et le voisinage de la mort pousse les artistes à dramatiser les formes. Les saints, assortis de reliques et de miracles, prolifèrent.

Motif baroque napolitain

Le Caravage

Les convulsions du siècle s'expriment à travers le style brutal et ténébreux du Caravage. Dans la toile *Le sette opere di Misericordia* à l'**église Pio Monte della Misericordia** (p. 35, plan I6), les éclats fauves et sombres montrent les figures du mendiant, du vieillard et du cadavre éclairées par la bougie du prêtre. La galerie du **palais Zevallos Stigliano** (p. 89) abrite sa dernière œuvre, *Le Martyre de sainte Ursule* (1610), représentant le roi des Huns qui déchire d'une flèche la poitrine d'Ursule, jeune vierge le repoussant. L'**église de la chartreuse de Saint-Martin** (p. 100) concentre de remarquables œuvres de peintres du baroque napolitain : Spadaro, Ribera, Caracciolo, A. Vaccaro, L. Giordano, F. Solimena.

La peste à Naples, *Spadaro, école napolitaine*

Tourments baroques

Cette période torturée trouve également écho dans la sculpture. Fanzago imprime à ses œuvres le sceau de son époque tournée vers le macabre. Les têtes de mort qui ornent le cimetière troublent le décor Renaissance du **Grand Cloître de San Martino** ; de même, les crânes et tibias s'exposent à l'intérieur et à l'extérieur de l'**église des Âmes-du-Purgatoire** (p. 34).

Un lueur d'espoir

Mais le baroque sait aussi ménager des pauses au milieu de ce tourbillon angoissé. Les cloîtres, avec leurs statues et leurs majoliques, sont de merveilleuses oasis de calme et de lumière dans un tissu de ruelles sombres. Avec le sourire des putti, ils célèbrent une Église catholique triomphante. La grotte en stucs dorés de **San Gregorio Armeno** (p. 32), le luxe des marbres et de l'onyx du **Gesù Nuovo** (p. 42) ou de la **chapelle Sansevero** (p. 35) sont des refuges, de rassurants trompe-l'œil.

Art de l'éphémère

Les places se parent de fontaines et de flèches. Les unes exorcisent le danger du feu ; les autres, celui des éruptions et des épidémies : flèches de l'**Immacolata piazza del Gesù Nuovo**, de **San Domenico Maggiore**, de **San Gennaro**, ou celle de la **piazza Sisto Riario Sforza**. Elles rejoignent la culture populaire régionale des machines de fête, mâts de cocagne et flèches en bois destinées à brûler. ■

SPACCANAPOLI ET SANTA CHIARA

3

«Spaccanapoli» : comme son surnom l'indique, cette étroite et longue rue, située sur le tracé de l'ancien *decumanus inferior* romain, «fend Naples» des hauteurs de San Martino jusqu'à la gare. Les dizaines d'églises et de palais qui s'y sont établis l'ont transformée en un incroyable musée en plein air. C'est aussi l'un des quartiers les plus animés de la ville, avec ses boutiques, ses ateliers d'artisans, ses universités et ses terrasses de café accueillantes.

Santa Chiara

1 Piazza del Gesù Nuovo✦

Cette vaste place bordée de palais et d'églises prestigieuses est une porte d'entrée de choix dans Spaccanapoli. La ***guglia dell'Immacolata,*** haute flèche dans le plus pur style baroque, sert de repère aux touristes comme aux Napolitains. En suivant la pente vers le sud, la large **calata Trinità Maggiore** dispose de quelques terrasses agréables.

2 Chiesa del Gesù Nuovo✦✦

Sous sa façade Renaissance et son bossage en pointe de diamant, cet ancien palais des princes de Sansevero fut racheté en 1584 par les pères jésuites pour devenir l'église du Gesù Nuovo. Les amateurs d'art baroque iront voir les riches marbres polychromes qui ornent l'intérieur, et ne manqueront pas la chapelle des ex-voto !

Piazza del Gesù Nuovo • ✆ 081 5578151 • Lun.-sam. 7h15-13h et 16h-20h, dim. 8h-14h et 16h-21h • Accès libre.

3 Complesso monumentale Santa Chiara✦✦✦

La pureté des lignes gothiques de l'église de Santa Chiara contraste avec celles du Gesù Nuovo, situé juste en face. Construite en tuf jaune entre 1310 et 1317 sur ordre de Robert d'Anjou et de son épouse Sancia de Majorque, elle est complétée dès l'origine par deux ensembles monastiques qui lui sont adossés. L'un est destiné aux frères mineurs franciscains ; l'autre, aux sœurs clarisses.

Une église royale

Le dramatique bombardement du 4 août 1943 a, de façon inattendue, révélé l'aspect originel de Santa Chiara. L'incendie qui s'ensuivit ravagea presque entièrement les ornementations baroques qui avaient recouvert, au XVIIIe s., la majeure partie des éléments de gothique angevin. Aujourd'hui, on découvre avec émerveillement ce décor minimaliste digne de la règle des Franciscains. Les élégants tombeaux de Robert et de Charles d'Anjou, ainsi que celui de Marie de Valois (œuvre de Di Camaino), rappellent la vocation royale de l'édifice. Pour les Napolitains, se marier à Santa Chiara reste le fin du fin ! On les comprend…

Chiostro delle Clarisse

Derrière l'église, à l'écart du tumulte de la ville, le couvent des Clarisses abrite un sublime cloître. Ses murs sont peints d'innombrables fresques, mais c'est son jardin qui force l'admiration. Réaménagé par Domenico Antonio Vaccaro en 1739, on découvre avec ravissement ses 72 piliers octogonaux couverts de majolique peinte de vignes et de citronniers. Les bancs et les murets, qui structurent la forme générale du jardin, sont colorés de scènes champêtres, de paysages napolitains ou de scènes mythologiques. Les tons bleu, jaune et vert invitent à la rêverie, à l'ombre d'une pergola conquise par la glycine. Des fontaines et des dizaines d'orangers finissent de donner à l'endroit une atmosphère de jardin d'Éden

Pause café : Palazzo Venezia

Il faut le savoir : derrière les portes du Palazzo Venezia, géré par une association culturelle, se cache un petit café rétro dont les tables sont semées entre les plantes de son jardin. En plein centre-ville, une surprise apaisante pour prendre le temps de siroter un cappuccino ou commander un *chinotto*, le plus italiens des sodas.

10 Plan H7 • *Via Benedetto Croce, 19 (voir horaires Palazzo Venezia page suivante).*

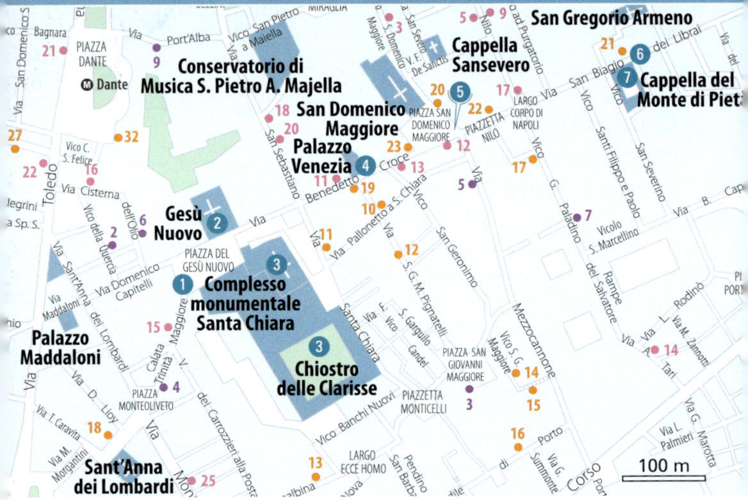

Museo dell'Opera

Au fond du cloître, le musée contient de nombreuses œuvres d'art issues des collections de Santa Chiara. Certains éléments proviennent des différents décors détruits par les tremblements de terre et le bombardement de 1943. Marbres gracieux, bas-reliefs sculptés, manuscrits enluminés ou colonnes torsadées sont mis en scène de belle manière.

www.monasterodisantachiara.it

Église : *via Benedetto Croce • ☎ 081 19168828 • Lun.-sam. 8h-12h45 et 16h30-20h.* **Musée et cloître des Clarisses :** *Santa Chiara, 49/C • ☎ 081 5516673 • Lun.-sam. 9h30-17h30 et dim. 10h-14h30, billetterie f. 30 min avant • Entrée : 6 € (offre 25 % de réduction sur l'entrée des Catacombe di San Gennaro,* *p. 68**).*

4 Palazzo Venezia✦

Ce vaste palais du XVe s. servit de résidence officielle aux consuls de Venise durant près de 400 ans. L'association culturelle qui a investi les lieux permet aujourd'hui de le visiter gratuitement. Vous découvrirez quelques-unes de ses vastes pièces où les œuvres d'art des résidents abondent, ses terrasses encombrées de plantes et son joli jardin à l'arrière, qui possède une délicieuse *casina pompeiana* de style néoclassique. En sortant, ne manquez pas d'admirer l'escalier monumental du XVIe s.

Via Benedetto Croce, 19 • www.palazzovenezianapoli.com • ☎ 081 5528739 • Lun. et mar. 10h30-13h30 et 15h30-19h, mer.-dim. 10h30-13h30 et 15h30-minuit • Accès libre (don demandé).

5 Piazza San Domenico Maggiore**

Aménagée à la Renaissance par les souverains aragonais, la piazza s'entoure au XVIIe s. de palais aristocratiques. Autour de la flèche, érigée à la fin de l'épidémie de peste de 1656, se rassemblent étudiants, chanteurs ou bateleurs, spectacles de rue improvisés et *bancarelle*. On entre dans l'**église de San Domenico Maggiore** (www.museosandomenicomaggiore.it, t.l.j. 10h-18h), au style hétéroclite, par un escalier qui débouche dans l'abside. Ses chefs-d'œuvre, au nombre desquels on comptait un Caravage, ont été déplacés au Capodimonte (p. 69). En sortant par l'arrière, un porche mène à un **cloître** et à l'ancien couvent.

6 Via San Biagio dei Librai**

San Biagio est le quartier des bijouteries et des vendeurs de « saint-sulpiceries ». Calices, figurines et madones illuminées offrent un spectacle inattendu au milieu des ateliers d'art de statues sacrées. Rendez une visite à Luigi Grassi, au n° 39 de la rue, dans son *Ospedale delle Bambole*. Ce sympathique « chirurgien » restaure avec brio poupées d'époque, santons et marionnettes. Mieux vaut prendre rendez-vous (✆ 081 18639797, Facebook : Ospedale delle Bambole, lun.-ven. 10h-17h30, sam. 10h-18h et dim. 10h-14h) pour éviter de trouver porte close.

Via San Biagio dei Librai.

Piazza del Gesù Nuovo

7 Cappella del Monte di Pietà**

Chapelle du Mont-de-piété

Le mont-de-piété fut fondé en 1539 pour aider les nécessiteux. En 1597, l'institution acquiert un édifice majestueux et une chapelle. Récemment restaurée, cette dernière affiche une belle façade parée de sculptures du Bernin et de Michelangelo Naccherino, et à l'intérieur, de superbes fresques.

Via San Biagio dei Librai, 114 • Sam. 10h-18h, dim. 10h-14h • Accès libre.

Restos Bistrots

Monastero Ristovino

Osteria 11 Plan H8

On se sent vite comme à la maison, installé au coin du feu dans cette petite *osteria* à deux pas de l'église de Santa Chiara. La cuisine est locale et de saison, et les conseils du patron, précieux, pour un accord mets-vin à tomber. Même les desserts suivent le calendrier, et, si vous venez au carnaval, vous trouverez peut-être les *Zeppole di San Giuseppe*, un régal fourré à la crème.

Via Santa Chiara, 10 D/E • M° Università • ☎ 081 5521879 • Mar.-dim. 12h50-0h30 • Plats : à partir de 8 €.

Salumeria Upnea

Osteria 12 Plan H8

À Naples, on ne rigole pas avec le *calcio* (football). Les soirs de match, dans ce petit restaurant, un écran géant diffuse la *partita* à plein volume, tandis que de grandes tables sont installées pour profiter du spectacle. Si vous voulez vivre l'ambiance napolitaine, joignez-vous à l'une des tablées et commandez hamburger, salades, planches de fromages mais aussi plusieurs types de mozzarella – tressée, en bouchées, etc. Testez les *freselle con la caprese*, un pain rond typique servi avec tomates fraîches, mozzarella, huile d'olive et basilic.

Via S. Giovanni Maggiore Pignatelli, 34 • M° Università • ☎ 081 19364649 • Jeu.-mar. 12h-16h et 19h30-minuit • Grande assiette avec mozzarella : 10 €.

La Cantina di Masaniello

Napolitain 13 Plan H8

Installé, dit-on, dans les anciennes écuries voûtées de Masaniello, héros napolitain qui défia la puissance espagnole en 1647, ce restaurant propose une cuisine populaire. Des recettes traditionnelles qu'on ne trouve plus ailleurs : pâtes et pommes de terre à la *provola* (fromage local fumé), *minestra maritata* (en décembre), soupe où légumes et viande mijotent des heures durant, spaghettis aux fruits de mer et tant d'autres spécialités napolitaines qui enchantent les papilles !

Via Donnalbina, 28 • M° Dante • ☎ 081 5528863 • Lun.-sam. 12h-15h30 et 19h-23h30 (f. 3 dern. sem. d'août) • Menu pizza : 5-15 €; menu midi : 20 €; carte : 25 €.

La Taverna dell'Arte

Bistronomique 14 Plan H8

Un peu à l'écart du chaos napolitain, La Taverna est un lieu

Tandem (1)

plein de charme. Le mot d'ordre : « La culture gastronomique, pas le folklore. » Cuisines aristocratique et populaire sont unies. Irrésistibles, le soufflé aux oignons, la morue *(baccalà)* avec oignons de Tropea, et la liqueur au basilic pour passer en douceur vers le dessert : le blanc-manger ! En été, tables sous la pergola.

Rampe San Giovanni Maggiore, 1/A • M° Dante • ☎ 081 5527558 • www.tavernadellarte.it • Lun.-sam. 19h-1h (cuisine f. à 22h30) • Menus : 25 € • Résa conseillée.

La Chitarra

Osteria 15 Plan H8

Cachée au milieu d'un escalier, cette *osteria* traditionnelle propose des classiques napolitains simples et savoureux. Cadre assez sobre, dans les tons bleu et blanc, égayé par quelques objets ruraux et une guitare accrochée à un mur. La *baccalà con i ceci* (morue aux pois chiches), les *linguine alla cetarese* (aux anchois frais de Cetara, ville de la côte amalfitaine), les *paccheri allardiati* ou les *polpette* symbolisent bien la cuisine de la maison. Une étape authentique.

Rampe S. Giovanni Maggiore, 1 • M° Università • ☎ 081 5529103 • www.osterialachitarra.it • Lun.-sam. 19h30-23h30 • Antipasti : 8 €; primi : 8-10 €; secondi : 9-18 €.

Tandem (1)

Napolitain 16 Plan H8

Envie de pâtes au *ragù* ? Attablez-vous dans l'antre frais et sombre de Tandem, à deux pas de la faculté de lettres. Ici, on prend cette vieille tradition culinaire napolitaine très au sérieux – la sauce tomate au bœuf et au porc mijote 8h, comme il se doit –, mais avec une bonne dose d'humour. Choisissez vos pâtes parmi la sélection du jour ou optez pour une *scarpetta di ragù* (5 €), un bol de sauce napolitaine où l'on trempe de généreuses tranches de pain, ou encore pour la *tracchia* (porc : 8 €) mijotée dans une sauce *ragù.*

Via Sedile di Porto, 51 • M° Dante • ☎081 19245894 • Jeu.-mar. 12h30-16h et 19h-23h30 • Plat du jour : 7,50 €; pasta al ragù *: 8-10 €.*

Tandem (2)

Napolitain 17 Plan H7

À deux pas de la piazzetta Nilo, c'est l'autre spécialiste du *ragù* napolitain. Cette cantine populaire avec terrasse est plébiscitée par les étudiants non seulement pour ses petits prix et son délicieux *ragù*, mais aussi pour quelques spécialités que l'autre Tandem n'a pas, à commencer par la *scarpetta di ragù alla ricotta* ou *alla provola* (5 € le petit bol), mais aussi un *ragù* végétarien (5 €).

Via G. Paladino, 51 • M° Dante • ☎081 19002468 • T.l.j. 12h30-23h30 • Pasta al ragù *: 8-10 €.*

Osteria Il Garum

Méditerranéen 18 Plan G8

Sur la place Monteoliveto, grouillante de la jeunesse napolitaine, se cache l'une des meilleures adresses de Naples pour découvrir la cuisine méditerranéenne dans une atmosphère intime, idéale pour

Jamón

les dîners romantiques. Nappes blanches et service irréprochable pour une cuisine tout en élégance. Goûtez la mozzarella aux *friarielli* (8 €), le calamar entier fourré aux légumes grillés (14 €) ou les pâtes aux fruits de mer (13 €).

Piazza Monteoliveto, 2/A • M° Univesità • ☎081 5423228 ou ☎336 5446452 (mob.) • T.l.j. 12h-15h30 et 19h-23h30.

La Pastiera Napoletana

Douceurs 19 Plan H7

La *cassata* à la ricotta et aux fruits confits est l'une des spécialités de la maison, tout comme les *amaretti* et les *cannoli* siciliens. Idéal pour faire un cadeau : on rapporte ces douceurs dans de très belles boîtes en métal avec la baie de Naples en illustration. Les *cassata* (26 € le kilo) et les *pastiera*, produits phares, sont à 24 € le kilo.

Via Benedetto Croce, 50 • M° Dante • ☎ 081 7901515 • T.l.j. 10h-19h30.

Jamón

Bar à tapas

20 Plan H7

Ce petit bar à tapas, logé dans le soubassement de San Domenico Maggiore, propose une sélection de fromages et de charcuteries italiennes à déguster à l'assiette ou à glisser dans du pain de campagne ou une *fresella*. La carte réunit les meilleurs produits du genre – mortadelle artisanale de Prato (Toscane), *crescenza* (fromage frais au lait cru), jambon San Daniele Doc dall'Ava du Frioul, ou jambon cuit de Contadino – et une sélection de vins de grande qualité (aglianico del vulture : 6,50 € ; verdicchio di matelica : 6 €), le tout à savourer en terrasse devant le spectacle permanent de la place.

Piazza San Domenico Maggiore, 9 • M° Dante • ☎ 081 4202438 ou ☎ 335 7226405 (mob.) • T.l.j. 10h-2h • Sandwichs : 6,50-9 €.

Anhelo Caffè

Pâtisserie

21 Plan H7

Luca Ferrari, l'entrepreneur gourmet qui se trouve derrière Jamón (ci-dessus), propose dans un décor contemporain un café maison au mélange unique et une sélection de pâtisseries maison faites sur place avec des propositions véganes.

Via San Biagio dei Librai, 19 • M° Dante • T.l.j. 7h-17h30 • F. temporairement.

Scimmia Factory

Glacier

22 Plan H7

Ce glacier napolitain bouscule les glaces tradi de papa, et c'est tant mieux ! Rassurez-vous, tous les classiques sont là (noisette, pistache, *stracciatella au fior di latte*, etc.), élaborés selon la meilleure tradition artisanale, sans colorant ni méchant conservateur, mais avec une bonne dose de fun : des bâtonnets maison rigolos *(gelati su stecco)*, des yaourts glacés à arroser de Smarties®, de cookies ou de noisettes concassées, et même des glaces et sorbets sans gluten et végétaliens.

Piazzetta Nilo, 4 • M° Dante • ☎ 392 6984315 (mob.) • Lun.-mar. 10h-22h, mer.-dim. 10h-minuit (1h ven.-sam.) • Cono medio : 3 €.

Scimmia Factory

Leopoldo Infante

Douceurs 23 Plan H7

On doit à la *casa* Leopoldo Infante d'avoir mis au goût du jour l'antique tradition du *tarallo*, ce gâteau sec et friable en forme d'anneau dont les origines remontent au XVIIe s. Le grand classique, le préféré des Napolitains, c'est le *'nzogna e pepe*, au saindoux et au poivre, mais il est aussi délicieux aux amandes et à l'huile d'olive ou en version sucrée. Leopoldo a même inventé une glace au *tarallo* ! La maison a d'autres spécialités : les *Roccocò* (sucre et amandes) à déguster avec du vin à Noël, les *Quaresimali* (amandes entières et fleur d'oranger) pour la période du Carême, ou encore le *Esse Nasprate*, un biscuit recouvert de sucre parfumé au citron ou au chocolat. Autre adresse via Toledo, 8 (G7, M° Toledo, ✆081 5512909).

Via Benedetto Croce, 30/31 • M° Dante • ✆081 0108027 • www.leopoldoinfante.it • Lun.-jeu. 7h30-21h30, ven.-dim. 7h30-minuit (1h le sam.) • Biscuits : 3 €/100 g.

Bars, clubs Sorties

Oak wine and craft beer bar

Bière et vin 2 Plan G8

Un bar qui met la convivialité au premier plan et invite les clients à partager leur table. Et ça marche : le bar est exigu, mais les clients sont habitués à se retrouver au coude-à-coude avec des inconnus. Idéal pour boire un verre de vin naturel ou une bière artisanale en faisant des rencontres. Si vous avez faim, la maison sert *bruschette*, charcuterie, fromages et un plat du jour.

Vico della Quercia, 10 • M° Dante • www.oaknapoli.com • ✆349 7155270 (mob.) • Dim.-jeu. 17h-minuit, ven.-sam. 17h-1h • Petite planche de charcuterie et fromages : 8 €.

Kestè

Bar 3 Plan H8

C'est l'enseigne phare des étudiants napolitains depuis que la municipalité a confié à Kestè cette place devant l'Institut oriental. Ils sont chaque soir une bonne centaine à déborder du bar dans une ambiance bruyante et bon enfant, s'abreuvant de bière pression (à partir de 3 €) ou de cocktails (caïpirinha : 6 €). La galerie d'art expose des photographes napolitains. À vivre absolument !

Largo San Giovanni Maggiore a Pignatelli, 26-27 • M° Dante • ✆081 7810034 • T.l.j. lun.-jeu. 14h30-2h, ven.-sam. 14h30-3h, dim. 15h30-2h.

Red Wine

Bar à vins 4 Plan G8

Ce bar à vins/cave est tout sauf guindé. On adore son animation débordante, sa bande-son tonitruante et son équipe ultradynamique. Sur la terrasse ou en salle, on refait volontiers le monde autour de belles découvertes œnologiques. Choix impressionnant de crus transalpins de toutes origines, avec comme il se doit une large sélection de vins régionaux. Également de la bière brassée sur place, qui se décline en plusieurs versions.

Calata Trinità Maggiore, 19/20/21 • M° Dante • ☎ 081 19569131 • T.l.j. 18h-2h • Verre de vin généreux : 5-8 €; bières : 3,50-8 €.

Tom & Jerry

Bières à emporter 5 Plan H7

La via Mezzocanone est le repaire des étudiants napolitains. On y trouve nombre d'universités et de librairies, mais aussi pas mal de bars, snacks et commerces nocturnes. Chez Tom & Jerry, on se ravitaille en bières fraîches, à choisir parmi 150 marques différentes. Ensuite, on fait comme tout le monde et on déguste sa mousse préférée debout sur le trottoir ou sur la piazza San Domenico Maggiore, en entamant une discussion enflammée avec les *ragazzi* du coin. Au fait, savez-vous pourquoi le bar se prénomme comme les héros animés de Hanna-Barbera ? C'est un hommage à un épisode de 1954 qui se déroulait… à Naples.

Via Mezzocanone, 121 • M° Università • Mar.-sam. 12h-3h • Bières : 1,50-5 €.

Superfly

Bar 6 Plan G7

Si l'envie vous prend d'écouter Hendrix, Coltrane ou les Clash en sirotant un mojito ou un verre de vin, le Superfly est fait pour vous. Gianni a demandé à ses clients les 10 albums pop, rock, jazz et soul qui ont marqué l'histoire de la musique depuis 50 ans. Résultat : une fresque murale qui assemble en patchwork les plus célèbres pochettes vinyles. Des DJ invités plusieurs fois par semaine revisitent les grands classiques.

Via Cisterna dell'Olio, 12 • M° Dante • ☎ 347 1272178 (mob.) • Oct.-mai mer.-lun. 19h-1h30 (3h w.-e.)

Buco pertuso

Bar à vins 7 Plan H8

Ce petit bar qui sert une bonne sélection de vins locaux et de bières est parfait pour se mettre dans l'ambiance des soirées napolitaines. À l'heure de l'*aperitivo*, un petit buffet où piocher un bout de focaccia (compris dans le prix du verre), et le vendredi soir, concerts et DJ sets qui réchauffent l'atmosphère jusqu'à tard.

Via Giovanni Paladino, 21 • M° Università • Sam.-mer. 18h-2h et jeu.-ven. 18h-3h • Verre de vin : 4-5 €.

Cuccuma caffè e spaghetteria

Café 24

Avant l'avènement de l'espresso, les Napolitains préparaient le café avec la cuccuma, une cafetière inventée par le français Jean-Louis Mozinet en 1819. Cette adresse compte parmi les dernières à proposer cette préparation, qui produit un café dense et savoureux, mais qui demande du temps – environ quinze minutes. C'est le temps de la discussion et des gestes ritualisés qui participent pour les Napolitains au plaisir de boire un bon café brûlant. Tous les jeudis soirs, un spectacle théâtral suivi d'une grande « spaghettata » est organisée par la maison dans le théâtre d'en face : une occasion de vivre un moment de convivialité.

Via S. Giovanni Maggiore Pignatelli, 1a • T.l.j. 13h-23h • ✆+39 08119708587 • https://cuccuma-caffe.business.site/

Hôtels B&B

B&B Medea

B&B

La déco est un peu vieillotte, mais les chambres sont confortables et à des prix imbattables !

Via San Giovanni Maggiore Pignatelli, 48 (Plan H7, quartier 3) • M° Dante • ✆081 4201149 • www.bebmedea.com • De 60 à 70 €.

Hotel Naples

Hôtel

Ce magnifique hôtel Art déco – l'escalier en colimaçon est bluffant ! – est situé à 5 min du centre antique.

Corso Umberto I, 55 (Plan H8, quartier 3) • M° Dante • www.hotelnaples.it • ✆081 5517055 • De 100 à 170 €.

The Church B&B

B&B

Installé à l'étage d'un palais Renaissance, The Church n'a rien de monacal ! L'accueil est chaleureux. Chambres spacieuses et sobres, belle cuisine pour préparer son petit déjeuner (inclus). Superbe terrasse avec vue sur Spaccanapoli.

Via San Biagio dei Librai, 39 (Plan I7, quartier 3) • M° Dante • ✆333 6942568 • www.thechurch.it • À partir de 60 €.

Shopping Cadeaux

Centrale del Caffè

Café et cafetières 11 Plan H7

Cette boutique a fait du café un art de vivre. On peut y déguster un *espresso* ou un cappuccino accompagné de quelques pâtisseries, mais on y trouve surtout un délicieux café, savamment sélectionné et torréfié sur place. Joli choix de cafetières (à partir de 19 €) pour

Centrale del Caffè

tenter de rapporter chez vous ce savoir-faire très napolitain.

Via Benedetto Croce, 16 • M° Dante • ☎ 081 5515299 • www.centraledelcaffe.it • T.l.j. 7h30-21h (2h sam.).

Carthusia

Parfums 12 Plan H7

Cette enseigne de parfums conçus à Capri est présente dans plusieurs villes du golfe de Naples. Installée sur la jolie place San Domenico Maggiore, on trouve toutes les fragrances qui ont fait la réputation de la maison, comme l'*Aria di Capri*, le *Gelsomini di Capri* ou le *Capri Forget Me Not* (70 € les 50 ml, 90 € les 100 ml). Également des parfums d'intérieur et une gamme de soins de beauté et de cosmétiques. L'adresse idéale pour rapporter quelques senteurs méditerranéennes et un parfum de vacances.

Piazza S. Domenico Maggiore, 14 • M° Dante • ☎ 081 5520108 • www.carthusia.it • Lun.-dim. 10h-19h30.

Melinoi et la Compagnie chinoise

Mode femme 13 Plan H7

Ce magasin est l'une des rares boutiques de mode intéressantes du centre historique. Des robes, ensembles et pantalons de Transit, Dixie et bien d'autres.

Via Benedetto Croce, 34 • M° Dante • ☎ 081 5521204 • Lun.-sam. 10h-13h et 16h-20h. Entre 60 et 300 € la robe.

Caldieri

Cuir 14 Plan H-I8

De l'utilitaire au bibelot décoratif, cet artisan maroquinier découpe, colle, façonne et coud toutes sortes d'objets en cuir. Carnets intimes, pots à crayons, sous-main, albums photos, mais aussi barrettes, bracelets, bijoux fantaisie, portefeuilles (15-25 €), sacs et sacoches de toutes tailles sont exposés dans cette petite boutique-atelier. Si vous ne dénichez pas le modèle de vos rêves, Giuseppe Caldieri se propose de réaliser vos créations.

Via A. Tari, 26 • M° Dante • ☎338 2274761 (mob.) • www.bottegacaldieri.it • Sept.-juin lun.-ven. 9h30-13h30 et 16h-19h, sam. 10h-13h30 et l'ap.-m. sur r.-v.

Enoteca del Centro Storico

Cave à vins 15 Plan G8

Un emplacement de choix pour cette cave à vins qui, malgré son exiguïté, abrite un nombre impressionnant d'étiquettes. Toutes les régions de la péninsule sont représentées. Les vins italiens sont classés en trois catégories : DOCG (Denominazione di Origine Controllata e Garantita), la plus prestigieuse ; DOC (Denominazione di Origine Controllata) et IGT (Indicazione Geografica Tipica).

Calata Trinità Maggiore, 48 • M° Dante • ☎081 19175980 • Lun.-sam. 10h-2h, dim. 10h-15h et 18h-2h • Verre de vin : 1,50 €.

De Luca Design

Déco 16 Plan G7

Cette boutique mêle grands noms du design européen (Kartell, Marimekko au rayon linge de maison, mobilier, vaisselle) et de différents créateurs italiens de renom.

Via Cisterna dell'Olio, 5/B • M° Dante • ☎081 5520382 • www.delucadesign.it • Lun.-sam. 10h-13h30 et 16h-19h30.

Nilo Museum Shop

Souvenirs 17 Plan H7

Ici, des idées cadeaux de qualité toutes inspirées par Naples : des copies en marbre de célèbres sculptures, des mugs Vésuve façon Andy Warhol, etc. Ne manquez pas les reproductions des photos des frères Alinari qui, dans les années 1850, réalisèrent 250 000 clichés documentaires de Naples et sa région, des vues du port, du Vésuve…

Largo Corpo di Napoli, 3 • M° Dante • ☎389 1194169 • Hiver : t.l.j. 10h-20h ; été : lun.-jeu. 9h30-1h, ven.-dim. 9h30-2h.

NOTRE TOP DES SOUVENIRS NAPOLITAINS

Si l'art de la crèche est l'artisanat le plus réputé de il n'est pas le seul. Prenez le temps de flâner dans les ruelles du centre pour découvrir tous les fascinants métiers qui s'y exercent et trouver la perle rare.

Nilo Museum Shop

Riccardo Ruggiano

Un artiste de la céramique. Ses masques grecs sont saisissants.

Voir p. 38, quartier 2.

Ceramiche di Vietri di Fasano Rosario

Leur céramique est peinte de fruits colorés et de coraux. Grand choix de modèles, à utiliser aussi bien à table qu'en déco.

Voir p. 95, quartier 7.

Nilo Museum Shop

Une boutique de souvenirs qui propose toutes sortes d'objets sympas : mosaïques, photos du vieux Naples, gadgets…

Voir p. 54, quartier 3.

Di Virgilio

L'adresse parfaite pour rapporter un petit *pastore* expressif ou une crèche complète dans vos valises.

Voir p. 39, quartier 2.

DE LA PIAZZA BELLINI AU MUSÉE ARCHÉOLOGIQUE

4

Le quartier situé autour de Port'Alba, ancienne porte ouverte en 1625 pour connecter le centre et les faubourgs populaires, est animé jusqu'à une heure tardive. Flânez dans ses rues, qui ont gardé leurs spécialisations d'antan : instruments de musique, livres, antiquités, etc. La journée, la piazza Dante fait figure de centre névralgique ; le soir, c'est la piazza Bellini qui attire une foule d'étudiants et de fêtards.

Sculpture au Museo Archeologico

1 Piazza Vincenzo Bellini✦✦✦

Cette place marque l'une des frontières avec l'ancienne ville gréco-romaine dont on voit encore les vestiges de l'enceinte du IVe s. av. J.-C. Réaménagée et rendue aux piétons, elle est devenue un lieu de rencontre privilégié, sous la statue de Vincenzo Bellini. Pour boire, grignoter et discuter sous la glycine, choisissez votre café selon votre style : café-librairie, café maure ou bistrot arty. Pendant les mois d'été, mieux vaut arriver avant 23h pour avoir une table, car la place est prise d'assaut par les Napolitains de tous âges.

2 Via San Sebastiano✦✦

Cette rue à proximité du fameux **Conservatorio di Musica San Pietro a Majella** est le paradis des musiciens. Les amateurs y trouveront aussi bien des textes spécialisés, des partitions rares ou des bibliographies musicales que d'excellents instruments. Au passage, n'oubliez pas de jeter un coup d'œil à la très jolie cour du conservatoire (via San Pietro a Maiella, 4, accès libre).

3 Le quartier des libraires✦

Entre la place Dante et la place Vincenzo Bellini, la **via Port'Alba** est le royaume des libraires et des bouquinistes. Quelques pas plus loin, dans la rue San Pietro a Majella, la **librairie Colonnese** (Vico San Pietro a Maiella, 32-33 ☎081 459858, www.colonnese.it, t.l.j. 10h-19h30) organise aussi des expositions et des débats. Dans une ambiance feutrée, vous dénicherez cartes postales et illustrations, toujours de très belle qualité.

Via Port'Alba.

4 Piazza Dante✦✦

Autrefois située en dehors des murs de la ville, la piazza Dante accueillait un vaste marché (d'où son autre nom de « Largo del Mercatello »). Son allure actuelle date du XVIIIe s. Au centre trône la statue de l'auteur de *La Divina Commedia*. La belle façade en hémicycle, dessinée par Vanvitelli, accueille 26 figures, allégories des qualités du souverain. Dotée de quelques palmiers, la place compte aussi trois églises, des cafés, une bonne cave à vins (Enoteca Dante, au n° 18) et des librairies…

5 Via Bellini et Galleria Principe✦✦

Sur le chemin du Musée archéologique, empruntez la via Vincenzo Bellini depuis la piazza Dante. C'est une rue paisible, dont la partie supérieure est aménagée en voie piétonne. Jetez un coup d'œil à l'orgueilleux bâtiment de l'**Accademia di Belle Arti** (au n° 36, f. pour travaux : galleria@accademiadinapoli.it). Plus haut, la **Galleria Principe**, magnifique galerie commerçante des années 1880 couverte d'une verrière, semble quelque peu abandonnée.

Via Bellini, 36 • ☎081 441887 • www.abana.it • Mar.-sam. 10h-14h • galerie f. au public.

Pause : Spazio Nea

Sur la Piazza Bellini, le bar-galerie Spazio Nea est un lieu vivant où ont lieu expos, DJ sets, apéritifs et autres rencontres. Dans le petit patio, enlacé par une double volée de marches qui conduisent à l'étage du vieux palazzo, on est à la fois à l'abri du bruit de la rue et au cœur d'une atmosphère vibrante. Cocktails, sandwichs et belle sélection de vins italiens.

25 **11 plan G7** • ***Via Costantinopoli, 53 • M° Museo ou Dante • ☎ 081 451358 • www.spazionea.it • T.l.j. 9h30-2h • Cocktails : 6-7 €.***

6 Museo Archeologico Nazionale✦✦✦

Créé en 1818 par Ferdinand IV, le Musée archéologique réunit les antiquités de la collection Farnèse et les trésors des fouilles de Pompéi, d'Herculanum et des autres sites de la région. C'est l'un des musées archéologiques les plus riches au monde !

La sculpture grecque et romaine (r.-d.-c. et salle du cadran solaire)

Dans la galerie des sculptures de la Campanie romaine, vous rencontrerez des figures aux proportions idéales : le *Doryphore* (Ve s.) devenu un modèle, ou la *Vénus Callipyge*, admirant la beauté de son corps reflétée dans l'eau (salle 25). La salle 16 renferme le *Taureau Farnèse*, le plus monumental des groupes sculptés de l'Antiquité : Dircé, épouse du roi de Thèbes, est attachée à un taureau sauvage pour la punir d'avoir malmené son esclave. De l'autre côté de la pièce, l'*Hercule Farnèse* dégage lui aussi toute sa puissance.

Les mosaïques et le Cabinet secret (entresol)

L'art de la mosaïque connut un succès considérable dans tout l'Empire romain. Parmi les mosaïques de Pompéi exposées, *La Bataille d'Alexandre contre Darius* (salle 61), provenant de la maison du Faune, est le clou de la visite. Le *Groupe de musiciens ambulants*, trouvé dans la villa Cicéron, s'inspire des thèmes chers au théâtre antique. Au fond de cette section, le Cabinet secret (salle 65) renferme des fresques, des bronzes et des terres cuites à sujet érotique, qui illustrent la symbolique du phallus chez les Romains.

Les fresques pompéiennes (1er ét.)

Illustrant d'abord des thèmes mythologiques, les prodigieuses fresques de Pompéi et d'Herculanum laissent peu à peu la place aux mortels. Ainsi, les représentations de Persée et d'Andromède, de Médée et de Diane chasseresse côtoient quelques scènes de banquets, des portraits de commerçants ou de jeunes filles.

La Villa des Papyrus (1er ét.)

Cette villa d'Herculanum appartenait à un homme cultivé de la noblesse romaine à la fin de la République (env. 58 av. J.-C.). Les fouilles ont permis d'exhumer un trésor inestimable : une centaine de statues de marbre ou de bronze et plus de 1000 papyrus. Admirez les statues de satyres, gymnastes, philosophes et danseuses exposées au 1er étage.

Piazza Museo, 19 • ✆ 081 4422149 • https://mannapoli.it/ • Mer.-lun. 9h-19h30 (f. 1er janv., 1er mai et 25 déc.) • Entrée : 15 €.

7 L'Ospedale degli Incurabili et sa pharmacie✦✦

Non loin du Musée archéologique, vous pourrez accéder à l'hôpital des Incurables et surtout à sa pharmacie, réalisée par l'architecte baroque Bartolomeo Vecchione. Le double escalier qui y mène ainsi que les boiseries en noyer et en loupe qui garnissent l'intérieur sont absolument splendides. Sur ses 400 vases sont peintes différentes scènes qui permettaient aux commis illettrés d'identifier le contenu des pots.

Via Maria Longo, 50 • ✆ 081 440647 • info@ilfarodippocrate.it • Lun.-sam. à 10h, 12h et 15h • Résa obligatoire.

8 Via Anticaglia✦✦

Les arcs qui enjambent cette rue font tout son charme. Ils permettaient, à l'époque gréco-romaine, de relier les thermes au théâtre. Au n° 23, découvrez **l'atelier de Fabio Paolella**, qui réalise des objets d'art sacré de toute beauté : vierges, décors et personnages de crèches napolitaines ou chérubins, sont réalisés avec une exceptionnelle maîtrise.

Restos Bistrots

Pizzeria starita

Pizzeria 26 Plan D2

Les Napolitains salivent rien qu'au nom de cette pizzeria située sur les hauteurs du quartier Materdei. En arrivant, on donne son nom à l'accueil puis on se mêle à la foule en attendant d'être appelé via des haut-parleurs. Ça vaut le coup : vivante, remplie d'odeurs délicieuses, on y déguste grands classiques et pizzas plus chic (à tester, celle à la truffe) – tout est excellent chez Starita. Sophia Loren venait y déjeuner lors du tournage de *L'oro di Napoli*, où elle incarne une pizzaïola adultère.

Via Materdei, 27/28 • M° Materdei • 081 5573682 • www.pizzeriastarita.it • Mar.-dim. 12h-15h et 19h-minuit • Pizza et boisson : 10-12 €.

D'Ausilio Macelleria & Burger Grill

Panini et burgers 27 Plan G7

Une faim de nuit ? Une envie de manger sur le pouce ? Faites une pause à ce comptoir à panini et burgers vraiment délicieux. Toutes les viandes, qui peuvent aussi être achetées à emporter côté boucherie, sont savamment sélectionnées et préparées : bœuf de race d'Angus ou marchigiana, *pulled pork* fondant, saucisse au couteau, *polpette* frites, etc. Il y a même quelques propositions végétariennes et *contorni* un peu plus « verts ». Personnel jeune et jovial, très accueillant.

Via Tarsia, 9 • M° Dante ou Montesanto • 081 7901382 • Mar.-sam. 11h-15h et 19h-4h (3h ven.-sam.), dim. 19h-3h • Burgers et panini *: 4-12 €.*

La Cantina di via Sapienza

Osteria 28 Plan H6-7

À quelques enjambées du Musée archéologique, l'adresse idéale pour une pause déjeuner authentique et généreuse. Dans un cadre de taverne à l'ancienne, péniblement rafraîchi par des ventilateurs, on déguste une cuisine populaire et locale : *gnocchi alla sorrentina, pasta e zucca, caponata* à l'anchois, *polpette, parmigiana*, etc. Les employés du quartier ne s'y trompent pas, fréquentant assidûment l'endroit.

Via Sapienza, 40-41 • M° Museo • 081 459078 • www.cantinadiviasapienza.it • Lun.-sam. 12h-15h • Antipasti : 8 €; primi *: 5 €;* secondi *: 5-7 €.*

Sorriso Integrale

Végétarien 29 Plan G-H7

Dans l'univers impitoyable de la pizza et de la charcuterie, cette halte végétarienne, végétalienne et végane de la place Bellini a de quoi redonner le sourire. Tapi au fond d'une cour, on y déguste légumes, céréales et fromages (plats : 5-10 €). Le plat unique est superbe : soupe du jour, poêlée de carottes et de pommes de terre, salade de pommes et poivrons farcis. Pour les *aficionados*, pâtes et risotto à la fleur de citrouille, le tout arrosé de vins bio (goûtez au sangiovese bio, 10 € la bouteille).

Vico San Pietro a Maiella, 6 • M° Dante • ☏081 455026 • www.sorrisointegrale.com • T.l.j. 12h45-16h et 19h30-minuit.

Re Lazzarone

Restaurant 30

L'accueil est sympathique, l'atmosphère chaleureuse, la carte alléchante. Voici une bonne adresse à retenir à quelques pas du Musée archéologique. Sous un portrait du « Roi fainéant » *(Re Lazzarone)*, on commande pâtes aux fruits de mer, poisson frais du jour ou assiettes de viande et légumes grillés. Très équilibrées, les portions nous laissent la place pour un dessert, et ça vaut le coup. N'hésitez pas à réserver, surtout le soir.

Via Santa Maria di Costantinopoli, 11 • ☏+ 390814420884 • Mer-lun midi et soir, fermé le mardi midi.

Etto

Cuisine contemporaine 31

Envie de légèreté et d'équilibre, sans pour autant renoncer au goût ? Dirigez-vous vers ce restaurant sympa aux allures de cantine moderne. Les assiettes au menu sont conçues selon les règles nutritionnelles pour apporter légumes, protéines animales ou végétales, matières grasses etc, dans les justes proportions. En hiver, on y goûte une soupe de potiron ultra gourmande, agrémentée de crème fraîche et de pancetta. La carte change au fil des saisons, pour privilégier les produits locaux et frais.

Via Santa Maria di Costantinopoli, 102 • T.l.j. midi et soir • ☏+39 0813145078.

Al 53

Bonne adresse populaire et historique 32

Pas de doute, c'est bien une antre de la cuisine napolitaine traditionnelle et populaire. À des prix raisonnables, ce restaurant reçoit les clients tous les jours de l'année, avec un sens de l'accueil chevillé au corps. Très appréciée des Napolitains, la salle est souvent remplie de groupes d'amis et de familles. On y mange des *zitti*, un type de pâtes difficile à trouver hors de Naples, accomodés en sauce tomates et boulettes de viande ou aux tomates fraîches, olives et câpres. L'été, c'est sur la place Dante qu'on installe les tables, pour profiter du soleil.

Piazza Dante, 53 • T.l.j. midi et soir, le week-end en continu • §+ 39 0815499372.

Bars, clubs Sorties

Il Birraiuolo

Bar à bières 8 Plan G7

Une petite taverne tout en longueur où le bois domine, qui a fait des bières artisanales sa spécialité. À la pression, un choix intéressant de bières d'origine italienne ou plus lointaine, dans tous les styles : IPA, triple, blanche, stout, vous trouverez forcément votre bonheur ! Grand choix également en bouteilles de bières du monde entier. Bande-son jazzy et soul qui invite aux discussions et aux rencontres.

Via V. Bellini, 48 • M° Dante • ☎ 081 5492703 • T.l.j. 18h30-minuit (2h ven.-sam.) • Bières artisanales : à partir de 5 €.

Libreria Berisio

Bar-librairie 9 Plan G7

Les librairies sont légion dans la via Port'Alba, mais celle-ci est à coup sûr la plus originale. Au milieu des ouvrages de seconde main, on a en effet décidé d'installer un grand bar et quelques banquettes ! On organise même de petits concerts et des sessions DJ entre les bouquins, histoire de donner encore plus de vie à ce lieu attachant. Terrasse agréable pour prendre l'air.

Via Port'Alba 28/29 • M° Dante • ☎ 081 5499090 • Lun.-jeu. 10h-13h et 16h-1h30, ven.-sam. 10h-13h et 18h-3h, dim. 18h-1h30.

Il Taschino

Bar 10 Plan G7

Grande terrasse agréable, mais l'intérieur vaut également le détour : pierres apparentes, comptoir en bois et briques peintes en blanc. On boit un verre ou on croque un morceau sur le pouce, attablé ou lové dans de vastes canapés. Des DJ sets se tiennent très régulièrement.

Piazza Vincenzo Bellini, 72 • M° Museo ou Dante • ☎ 081 456850 • T.l.j. 10h30-2h.

Intra Moenia

Café littéraire 11 Plan G7

C'est l'un des premiers cafés littéraires de la ville. On discute assis à la terrasse en été, et sous la magnifique véranda en hiver. Fréquenté le jour par les touristes, il est apprécié le soir par les Napolitains mondains. Il deviendra vite l'un de vos endroits préférés – non pour la gentillesse des serveurs, mais pour le cadre et la glycine fleurie en juin.

Piazza Vincenzo Bellini, 70 • M° Museo ou Dante • ☎ 081 451652 • www.intramoenia.it • T.l.j. 10h-2h • Verre de vin : 5 €.

Teatro Bellini

Théâtre 12 Plan G7

Le premier théâtre Bellini fut inauguré en 1864 et détruit par un incendie quatre ans plus tard. C'est en 1887 que renaîtra de ses cendres le rival du San Carlo. S'il a aussi connu les affres de la crise du théâtre dans les années 1970, il est revenu, après rénovation, sur le devant de la scène depuis plus de 15 ans. La façade et la décoration intérieure valent à elles seules le déplacement.

Via Conte di Ruvo, 14 • M° Museo • 081 5499688 • www.teatrobellini.it • De 14 à 40 €.

Hôtels B&B

Belle Arti Resort

Hôtel

Dans une résidence du début du XVIIe s., cet hôtel allie plafonds décorés de fresques et mobilier design. Une atmosphère sereine dans le cœur grondant de Naples.

Via S. M. di Costantinopoli, 27 (Plan G6-7, quartier 4) • M° Museo • 081 5571062 • www.belleartiresort.com • De 80 à 110 €.

B&B Tecla Napoli

B&B

Un joli B&B tenu par deux jeunes femmes dynamiques. Trois chambres très spacieuses et accueillantes, avec salle de bains privative, pouvant accueillir 2, 3 ou 4 personnes. L'excellent petit déjeuner est servi sous forme de buffet dans le salon commun.

Plazzetta Bianchi allo Spirito (Plan G7-8, quartier 4) • M° Dante • 373 716 3640 (mob.) • www.bbtecla.com • De 49 à 79 €.

B&B Della Sapienza

B&B

Dans un ancien palais, à deux pas de la piazza Bellini, 2 suites avec salon, chambre en mezzanine, salle de bains privative et cuisine commune. Les autres chambres, à l'arrière, manquent d'attrait.

Via Sapienza, 8 (Plan G7/H7, quartier 4) • M° Museo • 335 7203789 ou 349 4257019 (mob.) • www.bbdellasapienza8.com • 60 € (280 € la sem.).

Hotel Piazza Bellini

Hôtel

Beaucoup de charme pour cette adresse située dans un vieil immeuble du centre de Naples. La cour, envahie par les plantes, sert de cadre au petit déjeuner et à son splendide buffet en été. Sur cinq étages, les chambres sont spacieuses et modernes, meublée avec une élégance simple et reposante. En passant par le site de l'établissement, vous pourrez réserver les deux chambres avec terrasse, superbes.

Via Santa Maria di Costantinopoli, 101 • +39 081451732 • http://www.hotelpiazzabellini.com/ • À partir de 100 €/nuit pour une standard, 130 €/nuit pour la chambre avec terrasse.

Shopping Cadeaux

Blu Tasmania

Cuir 18 Plan G-H7

Une multitude de sacs en cuir, de toutes les formes et couleurs possibles, à prix très doux. Sandales, ballerines et bottines féminines à souhait. Le tout fait en Italie.

Via San Sebastiano, 56 • M° Dante • ✆081 292924 • Lun.-sam. 9h30-14h et 16h-20h.

Scagliola

Gastronomie 19 Plan G-H7

Un microbar avec une boutique aux allures de caverne d'Ali Baba. On y trouve des délices salés (vinaigres, huiles, sauces) et sucrés (babas au rhum, miels, chocolats) et des alcools à profusion. Côté vins, des lacryma-christi, bien sûr, mais aussi des Taurasi de belle tenue.

Via San Pietro a Maiella, 15 • M° Dante • ✆081 459696 • Lun.-sam. 8h-minuit, dim. 8h-14h.

Oblomova

Mode et musique 20 Plan H7

Mailles ou musique, ici on défend les petits créateurs soucieux de qualité et de production éthique. Claire propose une mode jeune, créative et colorée de créateurs napolitains, comme les habits de Giada Pochet. Fabio propose une sélection pointue d'artistes jazz, rock et pop, signés chez des labels indépendants.

Via San Sebastiano, 20 • M° Dante • ✆081 4420855 • Facebook : Oblomova • Lun.-sam. 10h-14h et 16h30-20h.

Caffè Mexico

Café 21 Plan G7

Le secret du succès de ce café s'explique sans doute par le fait qu'ici, on s'occupe aussi de la torréfaction. C'est pourquoi on y trouve les mélanges les plus variés, notamment le Vesuvio à 23 €/kg. Une bonne idée-cadeau!

Piazza Dante, 86 • M° Dante • ✆081 5499330 • Lun.-ven. 6h30-20h30, sam. 6h30-20h30 (f. 2 sem. août).

Gay Odin

Chocolats 22 Plan G7

Il était une fois un pâtissier, Isidoro Odin, qui prit pour épouse sa collaboratrice, Onorina Gay. De ce mariage, naquit l'une des plus anciennes chocolateries de Naples. il suffit de poser son regard sur les vitrines Art nouveau et sur les boiseries pour s'en convaincre... Le produit phare est le chocolat à l'orange, Également des adresses via Vittoria Colonna, 15/B (C4, M° Piazza Amedeo, ✆081 418282), via Toledo, 214 (D4, M° Toledo), via Luca Giordano, 21/A et via Cilea, 189 (B4, M° Quattro Giornate).

Via Toledo, 427 • M° Dante • ✆081 5513491 • www.gay-odin.it • Lun.-sam. 9h30-20h.

NOS MEILLEURES PIZZAS

À Naples, la pizza est présente à tous les coins de rue : cuite au feu de bois ou frite, simple ou sophistiquée, elle se déguste toujours sans façons. Certains pizzaïolos ont élevé sa fabrication au rang d'art.

Pizzeria Gino Sorbillo

Da Michele

Marinara ou *margherita*? Un monument de la pizza napolitaine, pour une expérience authentique et délicieuse.

Voir p. 21, quartier 1.

Pizzeria Gino Sorbillo

La réputation de cette pizzeria, parfois considérée comme la meilleure du monde, n'est plus à faire. Préparez-vous à faire la queue !

Voir p. 31, quartier 2.

Pizzeria Starita

Ambiance napolitaine très animée et pizzas aux parfums envoûtants : c'est une véritable institution à Naples !

Voir p. 60, quartier 4.

Da Attilio

Dans la Naples populaire et gouailleuse, une pizzeria qui régale son monde depuis des lustres. Sa pâte croustillante est tellement légère !

Voir p. 92, quartier 7.

RIONE SANITÀ
ET LE CAPODIMONTE

5

Cette zone « hors les murs » est, depuis l'Antiquité, vouée à la sépulture et au culte des morts. Sa visite révèle l'un des côtés les plus mystérieux de Naples. En surface, la vie explose dans ces faubourgs populaires tout bourdonnants du vrombissement des Vespa. Pour qui aime découvrir les coins typiques, c'est l'itinéraire à suivre à tout prix. Et pour terminer, une visite du riche musée du Capodimonte, installé dans un palais royal dominant la ville, s'impose.

Street art, Rione Sanità

1 Via della Sanità✦

La via della Sanità dessert ce quartier en cul-de-sac. Le pont de la Sanità qui l'enjambe montre clairement sa situation en cuvette, opposée aux hauteurs salubres de Capodimonte. Sur le parcours alternent les façades des palais aristocratiques et des églises serrées entre de modestes constructions qui abritent une foule de commerces, dont les fameux vendeurs de *taralli* (petites couronnes tressées, préparées avec de l'eau, de la farine, de la graisse de porc, des amandes et du poivre).

Idoles du quartier

Les murs de la via della Sanità sont couverts d'affiches, de fresques et d'œuvres de street art dédiées aux gloires locales, qui affichent sourire figé et brushing impeccable. Au nº 87 une peinture murale représente Maradona, véritable dieu jamais déchu pour les Napolitains. Il partage cette dévotion populaire avec le célèbre acteur comique Totò, natif du quartier, dont la maison est devenue un minimusée. On raconte que, la nuit, il allait lui-même déposer de l'argent sous la porte des familles les plus nécessiteuses.

2 Palazzo Sanfelice et Palazzo dello Spagnuolo✦✦

Le grand **Palazzo Sanfelice**, édifié par Ferdinando Sanfelice pour sa famille en 1728, est une ingénieuse construction baroque. L'escalier ajouré, dit « à ailes de faucon » à cause de sa forme, fut reproduit dix ans plus tard dans le **Palazzo dello Spagnuolo**, à quelques pas de là, et en meilleur état. Il s'agit d'un palais privé, il n'est donc visible que de l'extérieur.

Palazzo Sanfelice : *via della Sanità, 2/6 • Cours ouvertes en journée • Lun.-ven. 9h-12h30 et 16h-19h30 • Accès libre* **Palazzo dello Spagnuolo :** *via Vergini, 19.*

3 Cimitero delle Fontanelle✦✦✦

L'atmosphère du lieu est inoubliable. C'est le point de rencontre entre le monde des vivants et celui des morts. Des milliers de crânes et d'ossements appartenant à des âmes sans nom jouissent des soins de « familles d'adoption », qui attendent en retour protection et réalisation de leurs prières.

Via Fontanelle, 77 • ☎081 7956160 • T.l.j. 10h-17h • Accès libre • F. temporairement.

4 Catacombes della Sanità✦✦

Le sous-sol de Naples est un véritable labyrinthe où se côtoient catacombes et *putridarium*. Autrefois situé extra-muros, le quartier de la Sanità est celui des cimetières antiques. L'association La Paranza, qui travaille à l'insertion professionnelle des jeunes du quartier, gère les visites.

Pause saltimbocca : la Cantina del Gallo

Mario, le chef de ce restaurant très populaire, s'est rendu célèbre avec ses *saltimbocca*. Ces exquis « saute-en-bouche » sont de minuscules chaussons de pâte à pizza garnis de poivrons, d'aubergines, de saucisses-*friarielli* ou de ricotta. Laissez faire Rosario, il apportera lui-même les *gnocchetti* en sauce ou les anchois marinés qui complètent le repas (entre 12 et 20 €). En attendant d'être servi, demandez à visiter le parking creusé dans la falaise de tuf.

33 **Plan D2** • *Via A. Telesino, 21 • ☎081 5441521 • www.cantinadelgallo.com • Mer.-lun. 12h30-15h30 et 19h-23h.*

Catacombe di San Gennaro

Développées dès le IIIe s., elles furent le lieu de sépulture de San Gennaro, évêque martyr de Naples, jusqu'à son transfert au Duomo. La fresque qui le représente est probablement la plus ancienne image du patron de la ville. Les vastes salles sur deux niveaux, les peintures et les mosaïques sur les parois en font une nécropole paléochrétienne importante.

Catacombe di San Gaudioso

Sous le chœur de l'église Santa Maria della Sanità, on accède aux catacombes de San Gaudioso. Au XVIIe siècle y fut ajouté un *putridarium*, aussi appelé *scolatoio*, pièce où l'on faisait sécher les cadavres. Les plus riches bénéficiaient d'un traitement spécial : leur crâne était fixé au mur, sur lequel on peignait ensuite leur squelette (vêtu ou non), avec les attributs de leur fonction. En remontant, on pourra se changer les idées en admirant la crèche monumentale sculptée par les artistes de la famille Scuotto : vibrante de vie, elle ne manque pas de détails amusants.

Via Tondo di Capodimonte, 13 • ☏ 081 7443714 • www.catacombedinapoli.it • Visites guidées ttes les heures, lun.-sam. 10h-17h, dim. 10h-14h • Entrée : 9 € (offre 25 % de réduction sur le Chiostro delle Clarisse, p. 43).

5 Museo di Capodimonte✦✦✦

Installée au milieu d'un vaste jardin sur une colline dominant Naples, la Reggia di Capodimonte a été érigée par Carlo III au temps du royaume des Deux-Siciles. Cette résidence royale était également destinée à accueillir les innombrables œuvres d'art du souverain, en particulier la fabuleuse collection Farnèse. Le Museo di Capodimonte propose aujourd'hui un panorama époustouflant de la peinture italienne et napolitaine, des appartements royaux démesurés au style éclectique ainsi qu'une petite collection d'art contemporain.

La collection Farnèse

Parmi les chefs-d'œuvre italiens de cette impressionnante collection, ne manquez pas les toiles de **Titien**, de **Botticelli,** une Pietà de **Carracci** inspirée de Michel-Ange et *La Crucifixion* de **Masaccio**. Côté peintres étrangers, les scènes de la vie quotidienne de **P. Brueghel l'Ancien** amusent et fascinent. Symbolisant la fatalité, *La Parabole des aveugles* illustre l'Évangile selon saint Matthieu, tandis que le *tondo* (toile ronde) du *Misanthrope* met en scène un vieillard se faisant dépouiller par un voleur, enfermé dans une sphère représentant le monde.

La collection de peintures napolitaines

Au 2e étage, la collection de peintres napolitains vaut le détour. Provenant de l'église de San Domenico Maggiore, *La Flagellation du Christ* de **Caravage** exprime le goût prononcé de l'artiste pour le naturalisme. À découvrir également, quelques exemples de primitifs napolitains ainsi que les vastes fresques de **Luca Giordano** et de **Francesco Solimena.**

Les appartements royaux

Une trentaine de salles permettent d'imaginer la magnificence de la cour de Naples. Quelques pièces décorées dans le style Empire font revivre l'époque napoléonienne et le règne de Joachim Murat. Dans la **galerie des Porcelaines** sont exposées les 300 pièces du XVIIIe s. provenant des ateliers de la manufacture royale, installée dans le parc.

Le parc

Derrière un haut mur d'enceinte, 130 ha de parc entourent le palais royal. Au cours d'une agréable promenade, on découvrira la fabrique de porcelaine créée par la reine Marie-Amélie, la chapelle de San Gennaro et la Palazzina dei Principi, qui fut la résidence napolitaine du roi Victor-Emmanuel II.

Via Miano, 2 • *081 7499111* • *www.museocapodimonte.beniculturali.it* • **Musée** *: jeu.-mar. 8h30-19h30; billetterie f. 1h avant* • *Entrée musée : 10 € avec expo* • **Parc** *: t.l.j. 7h-20h* • *Accès libre.*

Restos Bistrots

Concettina Ai Tre Santi

Pizzeria contemporaine 34 Plan p. 68

Votre pizza, vous l'aimez avec, ou sans miracle ? C'est ainsi que la carte de cette adresse moderne, vibrante de couleurs, vous propose de choisir la version de sa pizza dédiée à San Gennaro. De l'humour, des ingrédients locaux, une pâte équilibrée qui forme un *cornicione* (trottoir) aérien et croquant.

Via Arena della Sanità, 7 Bis • Lun-sam 10h-23h30 • ☎+39 081290037 • http://www.pizzeriaoliva.it/

Poppella

Pâtisserie 35 Plan p. 68

Sous la lumière éblouissante des spots, les pâtisseries brillent de mille couleurs sucrées. Tous les Napolitains s'y pressent pour mordre dans son *fiocco di neve* (flocon de neige), une petite brioche légère comme tout, fourrée à la crème fouettée au lait et à la ricotta. Quelques tables où s'installer pour accompagner la dégustation, et voilà une pause toute trouvée lors d'une balade dans le quartier.

Via Arena della Sanità, 29 • ☎+39 081291305 • 8h-23h, fermé le jeudi • https://www.pasticceriapoppella.com/

Pasticceria Di Costanzo

Pâtisserie 36 Plan p. 68

Ici on trouve l'une des meilleures *sfogliatella* de la ville. La spécialité locale est vendue en version *riccia* (croquante et feuilletée) ou *frolla* (fondante et moelleuse).

Piazza Cavour, 133/135 • Mer-lun, 7h15-20h15 • ☎+39081450180 • http://www.dicostanzopasticceria.it/

Bars, clubs Sorties

Scio

Bar 13

Les soirées ne sont jamais tristes à la Sanità ! Et encore moins dans ce petit bar, dont la clientèle déborde joyeusement sur le trottoir, le long des murs décorés de fresques street art. À l'heure de l'*aperitivo,* pizzette, cocktails et amuse-bouches s'invitent sur les tables, mais c'est surtout aux alentours de 22h que le lieu fait le plein.

Vico Buongiorno, 1 • Lun-sam 8h-minuit, dimanche 8h-15h • ☎+39 3298282128

BALADE STREET ART

Dans les rues colorées de Naples, le street art trouve naturellement sa place. De la Sanità aux Quartieri Spagnoli, promenade dans les pas des artistes qui ont laissé leur marque.

Toto et Peppino

Quartier qui a vu naître le comique Toto, la Sanità déborde de fresques en son honneur. Au n° 136 de la via Arena della Sanità, son visage recouvre une façade de quatre étages, aux côtés de l'acteur Peppino de Filippo, par l'artiste espagnol Tono Cruz. À quelques minutes de là, le parvis de l'église baroque de San Severo fuori le mura est égayé d'une œuvre de Matu. À l'intérieur de l'église se cache une stupéfiante sculpture de l'artiste contemporain Jago, représentant un enfant voilé inspiré du fameux Christ exposé dans la Cappella San Severo (voir p. 35).

Maradona, street art

Sirènes et Madone

Parthénope la sirène, liée au mythe de la fondation de Naples, prend l'allure d'une grosse femme dotée d'une queue de poisson, collée sur les murs par l'artiste local Trallallà. On la cherche dans les ruelles des Quartieri Spagnoli, où se niche également Maradona, figé depuis 1990 sur une façade de la via Emanuele de Deo. Face au footballeur, l'artiste Francisco Bosoletti a peint une superbe *Iside pudique*, enroulée dans un voile transparent.

Le cœur historique

Même dans les plus antiques ruelles de Naples, les *murales* trouvent leur place. Via dei Tribunali, Banksy a offert une *Madonna con la pistola* : sur l'auréole se détache l'image d'un revolver, dénonçant les liens ambigus entre religion et mafia. Enfin, derrière le Duomo, se trouve un *San Gennaro* monumental, signé Jorit, artiste napolitain.

LE TRAVAIL DU CUIR

Le centre historique de Naples a conservé un artisanat vivant. La fabrication d'accessoires en cuir, profitant de la présence d'une solide industrie régionale du tannage des peaux, a une longue tradition de savoir-faire. Il y a une véritable spécialisation des plus anciens quartiers de la ville : la Sanità pour les gants et les chaussures, Montesanto et les Quartiers espagnols pour la maroquinerie...

Une tradition ancienne

Naples est **la patrie du gant en cuir**. Connue dès le XVIIIe s., cette production a pris son véritable essor au début du siècle suivant. La présence de la cour des Bourbons dans la capitale du royaume a contribué au développement de cet article déjà réputé pour sa beauté et sa qualité. Le déclin s'est amorcé dans les années 1970, lorsque le gant est devenu un objet plus utilitaire qu'élégant et que la concurrence mondiale s'est accrue.

Une fabrication délicate

Une paire de gants, fabriquée de manière artisanale, passe entre les mains d'au moins 15 personnes et fait **l'objet de 25 opérations différentes**, depuis la coupe jusqu'aux finitions. Ces tâches, exécutées essentiellement à la main, sont pour la plupart confiées à des travailleuses à domicile, dans le quartier de la Sanità (D2) ou bien dans les villages de la province de Naples. Il devient de plus en plus difficile de trouver des ouvriers, coupeurs

Articles en cuir Naples

et couturières très qualifiés. La moyenne d'âge de cette profession est particulièrement élevée, rendant ainsi incertain l'avenir du gant napolitain.

Les gants d'Omega

L'atelier est situé au 3e étage, au cœur du quartier de la Sanità. Mauro Squillace, patron d'Omega, est l'un des entrepreneurs-gantiers de Naples. Il se fera un plaisir de vous expliquer, en français, **les secrets de la fabrication du gant** qui se transmettent dans sa famille depuis trois générations. Il est connu sur le marché français pour la beauté des peaux qu'il utilise ainsi que pour l'impressionnant éventail de ses coloris. Les gants classiques doublés de soie ou de cachemire sont sa spécialité. C'est un bonheur de voir la minutie de ce travail demeuré totalement artisanal (voir p. 26).

La ligne et le confort

Quelques conseils sont nécessaires pour acheter une paire de gants. Pour être sûr que la peau soit bien coupée, tirez d'abord le gant dans le sens de la longueur. Il ne doit pas bouger ou presque ; ensuite tirez-le dans la largeur, la peau doit « donner » (cette élasticité est indispensable au confort). Exigez des doublures mitaines. Pour être à l'aise dans vos gants, vérifiez que la doublure soie n'est pas collée à même le cuir, mais qu'elle constitue un vrai gant intérieur enfilé et fixé a posteriori. Pour plus de chaleur et de confort, l'intérieur des doigts doit être doublé.

Sacs : vrais ou faux ?

La fabrication des sacs est l'activité la plus récente de la branche du cuir. Elle s'est développée bien après celle des gants et des chaussures, sans recourir au travail à domicile. Elle est ancrée dans les quartiers les plus populaires de la ville, parfois même dans de minuscules ateliers de fabrication, comme les *bassi*. Les sacs que l'on trouve exposés dans la rue sont, en revanche, tous des faux ! Les réglementations italienne et française sont très strictes, et les contrôles, fréquents (voir « Contrefaçons » p. 210).

Pourvoyeur d'emplois

Mario Valentino est le seul grand groupe de l'industrie du cuir en Italie méridionale, pour la chaussure et la maroquinerie. Cette entreprise de renommée mondiale est allée se nicher au fin fond du **quartier populaire de la Sanità**, près du cimetière des Fontanelle. Adossée à la muraille de tuf, cette **usine moderne** s'étend sur trois niveaux et emploie plus de 200 personnes, alors que la taille moyenne des entreprises du secteur ne dépasse pas habituellement 10 ouvriers. ■

LE CENTRE MONUMENTAL, LE CASTEL NUOVO ET LE PALAZZO REALE

6

Autour de la piazza Plebiscito et de la piazza Municipio, le centre monumental rassemble les édifices les plus importants de la ville : longtemps, ce quartier a été le centre du pouvoir napolitain. Châteaux, théâtres, palais et hôtels se concentrent dans cet espace réduit ouvrant sur la mer.

Galleria Umberto I

1 Castel Nuovo (Maschio Angioino)✦✦✦

Cette forteresse qui domine la piazza Municipio de sa sévère silhouette et de ses cinq tours imposantes, c'est le Maschio Angioino, ou Castel Nuovo. Le « bastion angevin » fut construit à partir de 1279 par Charles Ier d'Anjou. Il était, avec le Castel Sant'Elmo (p. 100), un élément primordial du système défensif de la ville. Devenu résidence des princes aragonais, il fut en grande partie remanié au XVe s.

L'arc de triomphe

Commémorant la victoire d'Alphonse V d'Aragon, dit « le Magnanime », qui battit les Angevins en 1443, ce portail monumental en marbre blanc de Carrare donne accès à la cour du château. Sa réalisation mobilisa des artistes espagnols et italiens pendant plus de vingt ans, parmi lesquels Francesco Laurana et Domenico Gagini. Les battants en bronze de la porte ne sont que des copies, les originaux étant jalousement conservés au Museo Civico (à l'intérieur).

La cappella Palatina

Au fond de la jolie cour de style catalan, précédée par un portail Renaissance surmonté d'une Vierge de Francesco Laurana (1474), la chapelle Palatine a conservé sa nef unique d'origine, de style gothique. C'est le dernier vestige du palais angevin. À l'intérieur de l'église dédiée à sainte Barbara, on peut apercevoir, dans l'embrasure des fenêtres, des traces de fresques de Giotto.

La salle des Barons

On y accède par l'escalier monumental sur la gauche de la cour. Sous l'imposante voûte formée d'ogives qui dessine une étoile, se réunissait le conseil communal de Naples. C'est dans cette salle qu'en 1486 furent arrêtés les nobles qui avaient osé conspirer contre la domination espagnole.

Le Museo Civico

Installé dans les galeries de la forteresse, le musée présente sur trois étages un panorama de la peinture napolitaine du XVe au XIXe s. Les toiles proviennent en grande partie des églises de la ville. Parmi les tableaux exposés, des œuvres de Luca Giordano et de Mattia Preti, et

Castel Nuovo,détail de la façade

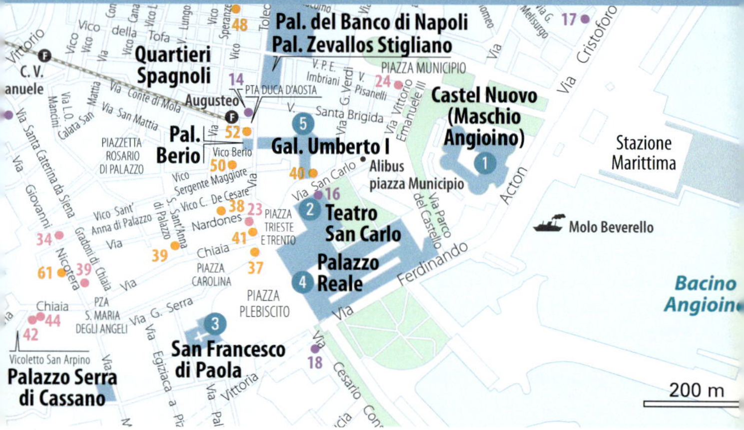

de nombreuses vues de Naples à travers les âges. Décorée de six bas-reliefs en bronze réalisés par Guglielmo Monaco entre 1462 et 1468, la porte d'entrée du château est percée d'un trou de boulet de canon.

Piazza Municipio • ☎ 081 7957713 ou ☎ 081 7957722 • www.comune.napoli.it • Lun.-sam. 8h30-19h; billetterie f. 1h avant • Entrée : 6 €.

❷ Teatro San Carlo✦✦✦

Construit en l'honneur de Charles III en 1737, le théâtre San Carlo devint rapidement un des hauts lieux de la scène lyrique italienne et mondiale. C'est ici, dans cette salle vertigineuse de six balcons et de 3 000 places, qu'ont lieu, au XIXe s., les premières représentations de

Pause historique : Caffè Gambrinus

Le Gambrinus, au décor Art nouveau, est le plus célèbre café de Naples. Fréquenté autrefois par des célébrités, ce bar, à la fois pâtisserie, glacier et salon de thé, est le lieu de rendez-vous incontournable des Napolitains. La terrasse est prise d'assaut en été.

37 Plan D4 • *Piazza Trieste e Trento, 38 • ☎ 081 417582 • www.grancaffegambrinus.com • T.l.j. 7h-1h (2h ven.-sam.).*

Piazza Plebiscito

nombreux opéras de Donizetti, Verdi et Bellini. Le théâtre se visite la journée quand la programmation le permet, mais assister à une représentation ici constitue une expérience unique.

Via San Carlo, 98 • ☎081 7972331 • www.teatrosancarlo.it • Visites guidées en italien, en anglais et en français (sam. à 17h) sur résa ☎081 7972412 ou par e-mail : visiteguidate@teatrosancarlo.it • Lun.-sam. 10h30-17h20 • Entrée : 9 €.

3 Piazza Plebiscito et Basilica San Francesco di Paola✦✦

La piazza Plebiscito est depuis sa création un lieu de parade, de promenade, de fêtes et de concerts. Elle est bordée d'une colonnade dans laquelle s'insère au centre **l'église San Francesco di Paola**. Par sa forme et ses dimensions, celle-ci rappelle le Panthéon de Rome : un plan circulaire et une coupole de 53 m de haut et de 34 m de diamètre.

Piazza Plebiscito • Lun.-sam. 8h30-12h et 16h-19h, dim. et j. fériés 8h30-12h • Accès libre.

4 Palazzo Reale✦✦✦

Clôturant la symétrie de la monumentale piazza Plebiscito et regardant les trois dômes de l'église de San Francesco di Paola, le Palazzo Reale fut commencé en 1600 et achevé trois siècles plus tard. Le long de sa façade principale, les statues de huit illustres rois de Naples

semblent monter la garde.
À l'intérieur, le palais est un parfait exemple du faste napolitain.

Une demeure on ne peut plus royale

Fernando Ruiz de Castro, nommé vice-roi de Naples en 1598 par le nouveau souverain espagnol Philippe III, voulut doter la ville d'un palais attestant de la grandeur du royaume d'Espagne. Ainsi démarra la construction de celle qui allait devenir la résidence des Espagnols, des Bourbons, puis de la maison de Savoie.
Le projet fut confié à Domenico Fontana, architecte officiel à Rome sous le pontificat de Sixte V.

L'escalier

L'accès aux appartements royaux se fait par un escalier monumental dont Montesquieu disait qu'il était « le plus beau d'Europe ». Remanié et agrandi au XIXe s., il est toujours d' allure remarquable avec sa décoration de marbre et de *piperno* (roche volcanique), ses parois sculptées et ses nobles statues.

Les appartements historiques

L'enfilade de salles qui compose les appartements royaux est impressionnante. La décoration intérieure est particulièrement soignée : mobilier des XVIIIe et XIXe s., tableaux de l'école napolitaine des XVIIe et XVIIIe s., porcelaines, horloges, tapisseries… Remarquez, dans un registre plus intime, les jolies peintures de jeunes filles sur les portes.
Joachim Murat et sa femme, Caroline Bonaparte, participèrent à enrichir la décoration intérieure

en faisant venir nombre de meubles et d'objets de France. La salle du Trône, le salon de la Reine, la salle de bal, le cabinet de travail de Ferdinand II et la chapelle royale sont les pièces les plus intéressantes.

Le Teatrino di Corte

Dessiné par Ferdinando Fuga en 1768, ce petit théâtre privé a fait l'objet d'une magnifique restauration. Considérablement endommagé lors de la dernière guerre mondiale, comme de nombreuses salles du palais, il a cependant conservé de 12 statues originales représentant Apollon, Minerve, Mercure et les neuf Muses. Il a accueilli des représentations d'opéra-bouffe de G. Paisiello, D. Cimarosa et N. Piccinni.

Piazza Plebiscito, 1 • Jeu.-mar. 9h-20h (f. 1er janv., 1er mai, 25 déc.); billetterie f. 1h avant • Entrée : 6 €, avec visite guidée : 9 €.

5 Galleria Umberto I✦✦

Ce passage couvert est né en 1890 de la convergence de deux exigences : le projet d'assainissement du quartier Santa Brigida (après l'épidémie de choléra de 1884) et le désir de doter la ville d'un symbole de la civilisation industrielle moderne. Autour de la coupole centrale culminant à 57 m, la galerie se divise en quatre ailes indiquant les quatre points cardinaux. L'impressionnante verrière, maintenue par une armature

Dans la Galleria Umberto I

métallique, laisse pénétrer une belle lumière. À l'intérieur, les boutiques et les cafés en font un lieu de promenade agréable, à la tranquillité presque provinciale par rapport aux rues voisines. Arrêtez-vous devant la plus belle échoppe de la galerie, celle d'**Antonio Barbaro**, point de ralliement des dandys élégants et souvent originaux (lun.-ven. 10h-14h et 16h-20h, sam. 10h-20h, dim. en été 10h-14h et 16h-20h). On y trouve le must de la mode italienne.

Accès via Toledo, via G. Verdi et via Santa Brigida • Accès libre.

Restos Bistrots

Trattoria San Ferdinando

Napolitain 38 Plan D4

Dans l'une de ces ruelles escarpées qui s'accrochent à la colline Sant'Elmo, la Trattoria San Ferdinando est l'une des adresses préférées des Napolitains amoureux de cuisine traditionnelle : filets de poisson grillés aux agrumes, pâtes aux haricots, *maccheroncelli* sauce tomate, *paccheri* aux palourdes ou boulettes de viande à la tomate… Le chef offre une cuisine populaire, délicate et délicieuse.

Via Nardones, 117 • M° Toledo • ☎ 081 421964 • Lun. et sam. 12h30-15h30, mar.-ven. 12h30-15h30 et 19h30-23h • Primi : 7-12 €; secondi : 8,50-20 €.

Trattoria San Ferdinando

Pizzeria Brandi

Pizzeria 39 Plan D4

À deux pas de la via Chiaia, la pizzeria de la famille Pagnani s'est rendue célèbre dans le monde entier pour le baptême de la plus appréciée des pizzas, la *margherita*, en 1889, en l'honneur de Marguerite de Savoie. La mythique pizza (7,50 €) est célèbre aussi pour la finesse de ses bords, sa cuisson toujours réussie… Pas étonnant que l'endroit ait attiré des hôtes aussi illustres que feu Luciano Pavarotti, Gérard Depardieu… et Chelsea Clinton. Difficile d'obtenir la petite table face au balcon, ou l'une des six tables à l'extérieur.

Salita Sant'Anna di Palazzo, 1 • M° Toledo • ✆081 416928 • www.brandi.it • Mar.-dim. 12h30-15h30 et 19h30-minuit.

Il Pomodorino

Pizzeria 40 Plan D4

Cette adresse au décor moderne offre un large choix de savoureuses pizzas à petits prix (à partir de 4 €), pâtes et grandes salades ultra-fraîches. Parfait pour manger sur le pouce avant d'aller au Teatro San Carlo voisin.

Via San Carlo, 27/31 • M° Toledo • ✆081 2520072 • T.l.j. 12h-16h et 19h-1h • À la carte : 15-20 €/pers.

Il Vero Bar del Professore

Café 41 Plan D4

Sur cette place effervescente, découvrez le café du célèbre Raffaele Ferreri, parti à plus de 70 ans chercher au Brésil les grains dont il rêvait. Le « café du professeur » était né. Goûtez la spécialité, le *nocciolato* (2,50 € au bar), un délicieux mélange de café sucré, de concentré de noisette et de crème de café montée et onctueuse, le tout chauffé à la vapeur… Une merveille à accompagner d'une *sfogliatella* chaude à la ricotta ou à la pâte d'amandes (2 € au bar). Une pause douceur à ne manquer sous aucun prétexte !

Piazza Trieste e Trento, 46 • M° Toledo • ✆081 403041 • www.ilverobardelprofessore.com • T.l.j. 7h-minuit.

Bars, clubs Sorties

Teatro Augusteo

Théâtre 14 Plan D4

Situé à deux pas de la Galleria Umberto I, ce petit théâtre porte l'empreinte de l'époque qui l'a vu naître. Créé dans les années 1920 comme lieu de spectacle pour les dignitaires fascistes, il a depuis connu une histoire bien mouvementée. Transformé en salle de cinéma, il a même failli devenir un supermarché avant de retrouver sa vocation originelle. Il possède sans doute l'une des meilleures acoustiques de la ville.

Piazzetta Duca d'Aosta, 263 • Funiculaire Augusteo • ☏ 081 414243 ou ☏ 081 405660 • www.teatroaugusteo.it • De 25 à 65 €.

Centro di Musica Antica Pietà de' Turchini

Concerts

15 Plan D4

Installé dans le couvent et l'église Santa Caterina da Siena, ce centre de musique défend l'héritage musical et théâtral napolitain des XVIe et XVIIe s. Les concerts ont lieu principalement dans l'église Santa Caterina, mais aussi à l'église San Rocco. Au programme, Haendel bien sûr, Scarlatti et Tartini, mais aussi des œuvres plus populaires de la musique napolitaine signées Provenzale, Trabaci, Veneziano, Nola, Netti, Caresana et Sabino.

Via Santa Caterina da Siena, 38 • Funiculaire C. V. Emanuele • ☏ 081 402395 • www.turchini.it • Entrée : 10 €.

Di Martino Pasta Store

Teatro San Carlo

Théâtre

16 Plan D4

Le plus ancien théâtre lyrique d'Europe, classé au patrimoine mondial de l'Unesco, propose aux mélomanes ballets, opéras et concerts de musique classique. Les opéras italiens de Verdi, de Rossini, de Donizetti et de Puccini sont souvent au programme, sans oublier Mozart, Strauss et Wagner en particulier. Côté ballet, les classiques russes font toujours recette, mais dans des chorégraphies revisitées. On peut trouver des billets, même à la dernière minute (sauf concert exceptionnel).

Via San Carlo, 98 • Funiculaire Augusteo • ☏ 081 7972331 ou ☏ 081 7972412 • www.teatrosancarlo.it

Beluga Bistrot & Terrace

Bar

17 Plan E4

Cap sur le 9e étage de cet hôtel 5-étoiles réalisé par les grands noms du design, pour découvrir sa terrasse panoramique vitrée. En bas, le bruit de la ville et le spectacle des bateaux du port. En haut, le calme. À la carte, belle sélection de cocktails.

Teatro San Carlo

Romeo Hotel, via Cristoforo Colombo, 45 • M° Università • 081 6041580 • www.romeohotel.it • T.l.j. 11h-minuit.

Les Belles Choses

Pub 18 Plan D4

Dans une ambiance légèrement tamisée avec mobilier en bois et luminaires en cuivre, un pub traditionnel où vous pourrez déguster des bières irlandaises et écossaises en écoutant une musique diffusée à volume réduit. Une adresse agréable pour se retrouver et échanger le récit des aventures de la journée avant de s'élancer dans le tourbillon des folles nuits napolitaines.

Via Cesario Console, 15/16 • Funiculaire C. V. Emanuele • 081 2451166 • T.l.j. 18h-2h • Pinte : 5 €.

Shopping Cadeaux

Max Mara

Mode femme 23 Plan D4

Connue dans le monde entier, la ligne Max Mara, classique et élégante, s'enrichit aujourd'hui des tendances mode de Sportmax et Weekend Max Mara ainsi que d'accessoires (lunettes, maroquinerie, chaussures). Dans cette boutique bien située,

Mozzarella et *fior di latte*

La véritable mozzarella est *di bufala* (au lait de bufflonne). Sa couleur blanche la distingue des autres, en particulier du *fior di latte*, plus jaune, car fait avec du lait de vache. À la coupe, la vraie mozzarella éclabousse de lait, alors que le *fior di latte* suinte. En bouche, elle est ferme et tenace : elle ne fond pas. Elle se présente sous différentes formes : normale, petite *(bocconcini)* ou en tresse *(treccia)* et doit être conservée dans son petit lait, mais jamais au réfrigérateur.

La fabrication

Le lait de bufflonne est pasteurisé à 120 °C. Il se divise alors en trois strates. Deux seulement sont utilisées pour la consommation. La couche du milieu, le petit-lait, sert à la fabrication de la ricotta et du beurre. La couche inférieure durcit pour former des blocs, qui sont coupés en petits morceaux sur lesquels on jette de l'eau bouillante, avec laquelle ils sont ensuite malaxés. Ils retrouvent alors une consistance pâteuse que l'on modèle, pour lui donner la forme des boules de mozzarella.

spacieuse, claire et chic, vous pourrez compter sur l'aide de vendeuses disponibles, souriantes et efficaces – ce qui n'est pas monnaie courante à Naples. Entre la veste en laine alpaca (à partir de 1 300 €) et les foulards (à partir de 79 €), faites vos jeux…

Piazza Trieste e Trento, 51 • Funiculaire C. V. Emanuele • 081 406242 • Lun.-sam. 10h-20h, dim. 10h-14h et 16h-20h.

Di Martino Pasta Store

Pâtes 24 Plan D4

Giuseppe Di Martino est une marque de pâtes du Gragnano reconnue, utilisée par les plus grands chefs italiens. Dans sa boutique colorée, vous trouverez toutes les sortes de *pasta* dans des versions classiques, bio ou complètes. Si vous cherchez les plus typiques de Naples, optez pour les *paccheri* ! Les prix sont très raisonnables, pour une qualité irréprochable.

Piazza Municipio, 1 • M° Municipio • 081 18496287 • www.pastadimartino.com • Mar.-sam. 12h-15h et 18h30-22h30, dim. 12h30-15h • 1 € les 500 g pour les normales, 1,50 € pour les bio ou les complètes.

NOS BOUTIQUES GOURMANDES

Pâtes du Gragnano, limoncello de Sorrento, *mozzarella di bufala*, aglianico de la côte amalfitaine, café : la région est propice aux achats gourmands. Voici nos meilleures adresses.

Centrale del Caffè

La maison torréfie son café sur place et propose de jolies cafetières italiennes.

Voir p. 52, quartier 3.

Fattoria Terranuova

Ce producteur des hauteurs de Sorrento propose une infinité de produits gourmands.

Voir p. 175, visite 15.

Gay Odin

Poussez la porte de cette chocolaterie au décor Art nouveau, vous ne serez pas déçu !

Voir p. 64, quartier 4.

Di Martino pasta store

Amateur de pâtes, vous êtes ici chez vous ! Les diverses formes se déclinent en version AOP Gragnano, complètes ou bio.

Voir p. 84, quartier 6.

Enoteca del Borgo Antico

Pour découvrir le falanghina d'Ischia ou la liqueur de mandarine. Très grand choix de vins de Campanie.

Voir p. 159, visite 13.

Gay Odin

LE CAFÉ À NAPLES

Deux noms aux sonorités ondoyantes, deux ritournelles pour chanter les mérites de ces grandes spécialités dont Naples est la patrie incontestée. La mozzarella est aussi blanche que le *caffè* est noir sous son écume. Et pour ce dernier, le prodige quotidien se fait art de vivre. C'est un signe d'hospitalité, une pause essentielle et maintes fois répétée au cours de la journée. Le café devient un culte, et le boire exige tout un cérémonial.

'Na tazzulella é caffè

En dialecte napolitain, cela désigne une petite tasse de café. Servi en très petite quantité tant il est fort, on l'avale dès le matin, brûlant, debout au comptoir et jusque tard le soir…

En dehors de sa forme la plus courante, *ristretto* (noir et serré), le café connaît d'agréables variantes. Il se mélange au lait dans le *cappuccino*. Il peut être aussi à peine taché d'une goutte de lait dans le *macchiato*. Pour vous remonter, le café se fait malicieusement *corretto* (corrigé), autrement dit, arrosé d'anis. Les grands gourmands ne résisteront pas au *brasiliano* avec de la crème de lait saupoudrée de cacao. Le café *freddo* (froid) s'apprécie en été. Bref, **il s'adapte à toutes les humeurs**. Attention, on sucre très souvent le café avant de le servir pour que la mousse reste à la surface. Demandez-le *amaro* si la coutume ne sied pas à votre palais ou à votre ligne.

Les arcanes du café

Le **succès de ce rituel** exige que plusieurs conditions soient réunies. En premier lieu, le café doit être un mélange *(miscela)* de robusta et d'arabica, bien grillé lors de la torréfaction et finement moulu, mais sans exagération. La cafetière a également son importance. Avec la vraie *macchinetta napoletana* traditionnelle, le café se fait par percolation et non par pression comme avec la cafetière « moka ». Elle doit être bien culottée pour faire du bon café. Enfin, l'eau joue également un rôle décisif.

Les Napolitains prétendent que seule celle de Naples permet de réussir un bon café…

Les grands cafés historiques

Le café est l'un des éléments clés de la convivialité sociale à Naples. **La tradition des beaux cafés culmine au XIXe s.** Vers 1850, on en comptait une trentaine sur la seule via Toledo ! Lettrés, artistes et oisifs choisissaient ces salons pour se rencontrer : Goethe et Verdi furent des fidèles du Gambrinus. Ces lieux étaient également le **théâtre de farces multiples**. Devant le café Turco, le talent du comique Mongelluzzo était tel que certains trams faisaient un arrêt de 10 min pour que les passagers, hilares, profitent du spectacle. Il ne reste de cette époque que le Gambrinus (p. 76). Mais les petits nouveaux, surgis sur les places du centre historique, semblent vouloir renouer avec la tradition.

LA VIA TOLEDO ET LES QUARTIERI SPAGNOLI

7

Mystérieux et empreints d'un charme indicible, les Quartiers espagnols constituent l'âme de Naples. Pris d'une vigoureuse frénésie dès le matin, ils éclatent de vie, de voix et de couleurs, jouant avec la lumière du soleil qui déboule à l'improviste sur les places ou dans les *vicoli* (ruelles). Leurs *bassi* (maisons au rez-de-chaussée des vieux immeubles) sont aussi sombres que leurs terrasses sont ensoleillées. Malgré leur plan en damier, ils se donnent des airs de labyrinthe, mais débouchent inévitablement dans la via Toledo, la plus grande artère commerciale de la ville.

Station de métro Toledo

1 Quartieri Spagnoli✦✦✦

Quartiers espagnols

Ces quartiers furent créés au milieu du XVIe s. par le vice-roi Don Pedro de Tolède. La percée de la via Toledo s'accompagna de la construction, vers l'ouest, d'îlots destinés au logement des troupes et organisés selon un plan orthogonal, adossé à la colline de San Martino. Les rues se terminent ainsi bien souvent par un escalier. Les nombreux *bassi* se sont étirés en hauteur et quelques fois jusque sur la rue, par l'aménagement abusif de terrasses assombrissant les rues.

Balade dans le quartier

Pour apprécier pleinement la vitalité de ce quartier, laissez-vous porter par la pente des rues, grimpez les innombrables escaliers ou flânez sous les balcons, au milieu des ateliers et des petits commerces. Avec toutes les portes et fenêtres ouvertes, et les terrasses informelles installées dans la rue, vous serez témoin d'innombrables scènes de la vie quotidienne dignes des pièces de théâtre de Viviani et De Filippo. Au hasard des rues, vous découvrirez également de jolies églises, comme celle de **Santa Maria della Concezione a Montecalvario** (via Concezione Montecalvario, 22), chef-d'œuvre baroque réalisé par Domenico Antonio Vaccaro. Hôte de marque du quartier, Giacomo Leopardi résida au nº 52 de la via Nuova Santa Maria Ognibene.

Via Pignasecca et Montesanto

Cette partie du quartier s'organise autour de la via Pignasecca et de l'église de Montesanto, avec son éclatante façade jaune canari. Une joyeuse atmosphère de souk oriental se fait sentir, avec mille victuailles exposées dans la rue, des crieurs interpellant le chaland et une foule bigarrée qui remonte vers la station de Montesanto.

2 Via Toledo✦✦

Les somptueux palais de la via Toledo et de ses alentours témoignent de l'attraction qu'exerça cette prestigieuse artère à partir du XVIIe s. sur les nobles et les banquiers venus de toute l'Europe. Le **Palazzo Maddaloni** (via Maddaloni, 46) est un très bel exemple d'architecture civile

Quartieri Spagnoli

baroque du XVIIe s. dû au célèbre Fanzago. Les **Palazzi Doria D'Angri** (place VII Settembre) et **Berio** (nº 256) furent édifiés au siècle suivant par Vanvitelli. Parmi les nombreuses banques, l'intérieur de la **Banca Commerciale d'Italia** (nº 185) mérite le coup d'œil.

3 Palazzo Zevallos Stigliano – Gallerie d'Italia✦✦

Pénétrer dans un palais napolitain du XVIIe s. n'est pas si fréquent ; mais celui-ci, propriété d'une banque depuis la fin du XIXe s., est d'un éclectisme surprenant

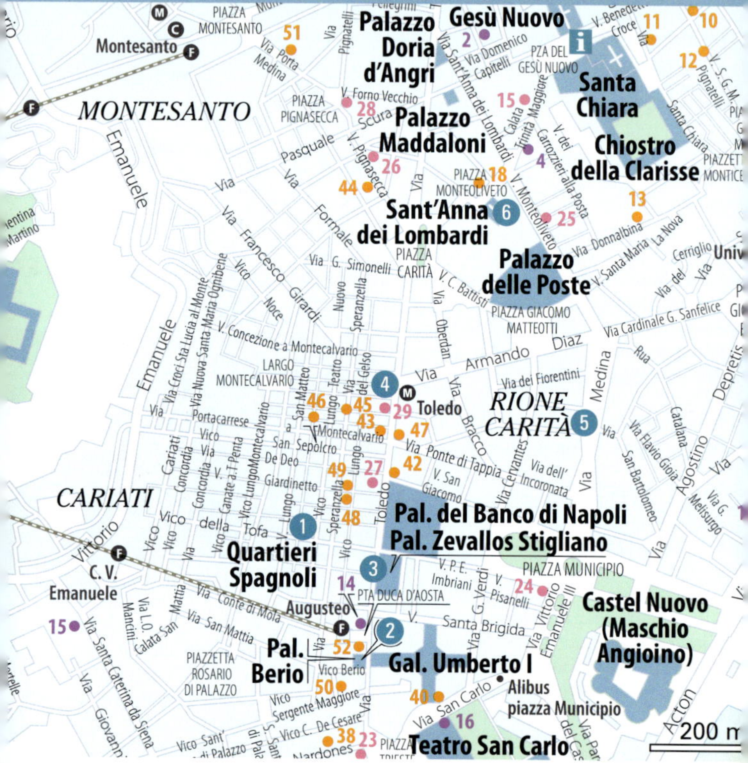

mêlant l'Art nouveau (verrière du hall) et l'art baroque (fresques de Luca Giordano dans les appartements). Surtout, il renferme une intéressante collection d'art, dont la dernière œuvre de Caravage, *Le Martyre de sainte Ursule*. À voir également, des paysages romantiques de l'école de Posillipo, la délicieuse *Dama col ventaglio* de Domenico Morelli et les émouvantes terres cuites de Vincenzo Gemito.

Via Toledo, 185 • ☏800 454229 • info@palazzozevallos.com • Mar.-ven. 10h-19h, sam.-dim. 10h-20h; billetterie f. 30 min avant • Accès libre dans le hall; entrée musée : 5 €.

4 La station de métro Toledo⁺⁺

Avec les stations d'art réalisées par de célèbres architectes, les Napolitains ont enfin une bonne raison de prendre le métro ! À 50 m sous terre, celle de Toledo, conçue par le Catalan Oscar Tusquets Blanca, plonge le voyageur dans un espace bleu et blanc aux formes ondulantes et asymétriques, à la manière d'un Gaudí. Des « cratères » de lumière explorent toutes les nuances du bleu. Dans le hall central, une grande fresque en mosaïque du Sud-Africain William Kentridge retrace l'histoire de Naples à travers de célèbres personnages.

5 Rione Carità⁺

À l'aube des années 1930, le quartier de San Giuseppe, entre la via Toledo et la via Medina, est jugé insalubre par les autorités fascistes. Un vaste programme d'urbanisation, qui durera jusqu'à la fin de la guerre, s'engage alors. Entrez dans le **Palazzo del Banco di Napoli**, à la façade de marbre typique de l'architecture rationaliste, pour découvrir son gigantesque atrium (via Toledo, 177). Les édifices de la via Armando Diaz, mais surtout de la piazza Mateotti présentent le même style arrogant : le **Palazzo delle Poste** (piazza Mateotti, 2), avec ses courbes harmonieuses et son entrée magistrale, est particulièrement remarquable. Édifié en 1936 par Giuseppe Vaccaro, le Duce en personne aurait suivi sa construction.

6 Chiesa Sant'Anna dei Lombardi⁺⁺⁺

Cette magnifique église, commencée en 1411 et entièrement restaurée en 2010, fut le lieu de culte privilégié des souverains aragonais. Ses chapelles ont été décorées par les plus fameux artistes italiens de l'époque : médaillons sculptés

Pause : Pintauro, le roi de la *sfogliatella*

Au seul nom de Pintauro, les papilles des Napolitains frémissent : c'est le roi incontesté à ce jour de la *sfogliatella* (feuilleté fourré de ricotta). Dans cet antique magasin, vous la trouverez à peine sortie du four : simplement *frolla* (pâte molle) ou bien *sfoglia* (pâte feuilletée), délicieuse dans tous les cas.

42 Plan D4 • *Via Toledo, 275 • ☎081 417339 • Dim.-mer. 9h30-20h (horaires variables).*

d'Andrea Della Robbia dans la cappella Tolosa, fresques de l'atelier de Piero Della Francesca dans la cappella Piccolomini, trompe-l'œil de Vasari dans la cappella de Sangro et *Annonciation* sculptée par Benedetto Da Maiano sur l'autel de la cappella Curiale. Dans les quelques salles à droite du chœur, découvrez les fresques de Giorgio Vasari et les incroyables marqueteries de la sacrestia Vecchia, sans oublier les statues grandeur nature en terre cuite de Guido Mazzoni, *Compianto sul Cristo morto*, dans l'oratoire du Saint-Sépulcre. Sous la nef, l'hypogée décoré de fresques forestières accueillait le corps des abbés défunts qui étaient placés dans des niches de pierre pour être purifiés.

Piazza Monteoliveto, 4 • ✆ 081 4220039 • Lun.-sam. 9h30-18h30 • Accès libre pour l'église ; entrée musée : 6 €, et 8 € avec l'hypogée.

Restos Bistrots

Prigiobbo

Pizzeria 43 Plan D4

Cette pizzeria ressemble à une cuisine de grand-mère, avec ses carreaux de céramique et ses nappes en faux cuir. Les prix sont mini et les *pizze* un peu plus petites qu'ailleurs, ce qui permet de tester quelques antipasti… et de respirer l'ambiance à l'ancienne de ce quartier populaire.

Via Portacarrese a Montecalvario, 96 • M° Toledo • ✆ 081 407692 • Lun.-ven. 12h-23h et sam. 18h-minuit • Pizzas à partir de 4 €.

Da Attilio

Pizzeria 44 Plan G8

Un peu moins connue que certaines pizzerias stars de Naples, Da Attilio est pourtant une excellente adresse pour goûter au meilleur de la pizza napolitaine. Nichée dans la via Pignasecca, qui cultive des airs de souk oriental, elle propose des *pizze* à tomber… Dans ses deux petites salles sans façon, on déguste une extraordinaire *margherita* (choisissez la version DOC pour profiter des saveurs lactées de la *bufala campana*), mais n'hésitez pas à vous aventurer vers des compositions plus originales. On a par exemple adoré celle agrémentée de fleurs de courgettes frites !

Via Pignasecca, 17 • M° Toledo ou Montesanto • ☏081 5520479 • Lun.-sam. 12h-15h30 et 19h-23h30 • Pizzas : 6-10 €.

Pasticceria Ranaldi

Pâtisserie 45 Plan D4

Si vous avez encore faim en sortant de chez Prigiobbo (ci-contre), ou si vous vous promenez dans le coin, poussez la porte de cette pâtisserie où l'on prépare en famille, depuis trois générations, des délices sucrés. *Mustaccioli* (biscuits épicés), *struffoli* (confettis de pâte frite) ou *roccocò* (biscuits aux amandes), succombez aux plus napolitaines des gourmandises. Parfait aussi pour acheter un petit souvenir à grignoter...

Vico Lungo del Gelso, 97 • M° Montesanto • ☏081 400773 • Lun.-sam. 8h-19h et dim. 8h-15h • Dessert : à partir de 1 €.

Da Nennella

Napolitain 46 Plan D4

On y vient pour sa cuisine napolitaine typique, l'ambiance des ruelles animées des Quartiers espagnols, mais aussi pour le spectacle de ses deux serveurs. Côté assiette, un menu simple qui privilégie le poisson, la *pasta* et des spécialités de croquettes à la ricotta ou à la pomme de terre (3,50 €), friture de poissons, salade *caprese* (5 €), le tout avec un vin maison. On s'y presse midi et soir.

Vico Lungo Teatro Nuovo, 105 • M° Montesanto • ☏081 414338 • www.trattoriadanennella.it • Lun.-sam. 12h15-15h et 19h15-23h • Menu sans antipasti : 12 €; complet : 15 €.

Augustus

Pâtisserie 47 Plan D4

Ce comptoir discret de la via Toledo fait partie des *caffè* et pâtisseries les plus réputés de Naples. Un *espresso* d'anthologie, des *sfogliatelle* bien chaudes, une vitrine débordant de mozzarella de buffionne ou de charcuteries pour se confectionner un *panino* haut de gamme... c'est tout cela qui vous attend ! Il y a même une arrière-salle où grignoter quelques antipasti et plats simples le midi.

Via Toledo, 147 • M° Toledo • ☏081 551 3540 • T.l.j. 6h30-21h.

Valù

Risotto 48 Plan D4

Tons épurés, cuir, Inox et, sur les murs, les icônes Marilyn Monroe et Audrey Hepburn : un restaurant moderne qui tranche avec les cantines traditionnelles du quartier. La spécialité du lieu ? Le risotto. Une trentaine à la carte, délicieux et très copieux : végétarien, à la viande ou aux fruits de mer. Le *parmiggiano*, au fromage fumé, aux aubergines et à la viande, vaut le détour !

Vico Lungo del Gelso, 80 • M° Montesanto • ☏081 0381139 • www.valu.it • Lun.-sam. 12h-16h et 19h-minuit • Repas : 20-25 €.

Hosteria Toledo

Napolitain 49 Plan D4

Habitants et visiteurs se bousculent dans cette cantine familiale de bonne tenue. Deux salles où l'on

Osteria Il Gobbetto

goûte toute la gamme de pâtes traditionnelles. Mention spéciale aux *spaghetti alle vongole* et aux escalopes de veau *ai funghi*, délicieuses (15-25 € à la carte).

Vico Giardinetto, 78 • M° Toledo • ☎081 421257 • www.hosteriatoledo.it • Mer.-lun. 12h-16h et 18h-minuit.

Osteria Il Gobbetto

Napolitain 50 Plan D4

Cette trattoria familiale est un hymne à la culture populaire des Quartiers espagnols. Dans le décor imaginaire d'une ruelle du quartier, entre linge aux fenêtres, petits autels et madone, on savoure une cuisine napolitaine simple et typique qu'un serveur en costume traditionnel déclame comme un acteur au théâtre : *fritto misto, frittelle di zucchine* (beignets de courgette), excellents *spaghetti alle vongole* (6 €).

Vico Sergente Maggiore, 8 • M° Toledo • ☎081 2512435 • Mar.-sam. 12h-14h45 et 19h-22h, dim. 12h-16h • Antipasti : 8 €; plats : 6-9 €.

Pescheria Azzurra

Poisson 51 Plan D4

Les rues de Naples tiennent parfois un peu du souk, leurs magasins débordant sur le trottoir. Les poissonneries impressionnent avec leurs bacs remplis de tourteaux, de poulpes ou de sardines. La Pescheria Azzura propose d'y goûter directement. Choisissez le produit qui vous fait envie et installez-vous pour le déguster frit ou grillé, c'est selon !

Via Porta Medina, 5 • ☎081 19250592 • Mar.-dim. 9h-23h • Repas 10 €.

Casa Infante

Glacier 52 Plan D4

Les bombes de saveurs de la Casa Infante ont un pouvoir magique : au moment où on les goûte, on peut suivre à la trace l'émotion faire son chemin vers une zone profonde du cerveau, pour toujours. La magie se décline en assemblages originaux et savoureux, à l'image de la *nocciomandorlacchio* (crème de noisette, d'amande et de pistache), de la crème de *gianduja* aux noisettes pralinées ou de la *crostata* (fraises des bois et pâte sablée). Nombreuses autres adresses en ville.

Via Toledo, 258 • M° Toledo • ☎ 081 19312009 • www.casainfante.it • Lun.-ven. 10h-22h, sam.-dim. 10h-minuit (23h30 hors saison) • Cono medio : 3 €.

Hôtels B&B

Hotel Toledo

Hôtel

En retrait de la via Toledo, ce petit hôtel au charme discret propose des chambres simples mais confortables. Son petit trésor : une terrasse-jardin.

Via Montecalvario, 15 (Plan D4, quartier 7) • M° Dante ou Montesanto • ☎ 081 406800 • www.hoteltoledo.com • De 70 à 180 €.

Hotel Mercure Napoli Centro Angioino

Hôtel

Situé en plein cœur de Naples, l'hôtel allie modernité et histoire avec un design et une esthétique dans l'esprit de la ville. Du lobby jusqu'aux chambres, on profite d'un accueil soigné et d'un excellent confort. Le plus ? La vue sur le golfe depuis la terrasse, où l'on déguste le savoureux petit déjeuner.

Via Agostino Depretis, 123 (Plan D4, quartier 7) • M° Municipio • ☎ 081 4910111 • http://all.accor.com/hotel/1601/index.fr.shtml • Dès 160 €.

Shopping Cadeaux

Ceramiche di Vietri di Fasano Rosario

Céramiques 25 Plan G8

Pas eu le temps d'aller sur la côte amalfitaine ? Cette boutique vous permettra de trouver quelques belles pièces de céramique, toutes fabriquées à Vietri sul Mare et entièrement peintes à la main. Grand choix de vaisselle colorée et d'objets divers pour la cuisine, des assiettes peintes de fruits ou de corail (9 €) aux grands plats à pizza (24 €), en passant par de jolis flacons à huile d'olive (18 €) ou d'ingénieux « doseurs » à spaghettis. Une belle touche de couleur dans votre vaisselier ! Quelques pièces décoratives pour la maison, comme des pots de fleurs, des vases ou des horloges.

Via Monteoliveto, 8 • M° Dante • ☎ 081 5786924 • www.ceramichedivietri.com • Lun.-sam. 9h30-19h30.

Spina

Ustensiles 26 Plan G8

C'est le royaume de la ménagère napolitaine depuis près de… 150 ans ! Du cuiseur à pâtes à la cafetière, en passant par la râpe à parmesan, les sauteuses et la machine à pâtes fraîches, tous les ustensiles de la cuisine italienne s'entassent ici dans un joyeux bazar où seul Armando, le dernier des Spina, est capable de se repérer. Pour retrouver le bon goût du café, n'oubliez pas votre cafetière italienne (10-60 €) : en aluminium ou en Inox, familiale ou individuelle, Spina en propose de toutes sortes.

Via Pignasecca, 62 • M° Dante ou Montesanto • ☏081 5524818 • Lun. ap.-m.-sam. matin 10h-14h et 16h-20h (f. 2e et 3e sem. d'août).

Napolimania

Souvenirs 27 Plan D4

Les « Napolimaniaques » peuvent acquérir, en souvenir, quelques remèdes d'urgence : une boîte contenant de l'air de Naples pour 6 € ou le kit de survie du Napolitain à l'étranger qui contient 250 g de café, une vraie cafetière napolitaine (la *machinetta*), et de l'eau de Naples, la seule permettant de faire du bon café ! Montres et tee-shirts (15 €), avec proverbes en dialecte, complètent la panoplie des nostalgiques.

Via Toledo, 312 • M° Toledo • ☏081 407621 • www.napolimania.com • Lun.-sam. 10h-13h45 et 16h30-20h.

Russo Gabriele

Gastronomie 28 Plan G8

Depuis 1947, cette échoppe de poche propose des produits de qualité à des prix défiant toute concurrence. Le *provolone* s'affiche de 13 à 32 € le kilo, le pecorino de 15 à 30 €. Large choix de pâtes artisanales, bocaux de légumes et douceurs venues de Sorrento. Accueil charmant.

Piazza Pignasecca, 1 • M° Dante • ☏081 5518042 • Lun.-sam. 8h-20h.

Leonetti giocattoli dal 1898

Jouets 29 Plan D4

Fondée en 1898, cette enseigne centenaire destinée, comme elle le proclame, aux grands et aux petits, regorge de jouets tous plus alléchants les uns que les autres. Puzzles, trains en bois, déguisements de toutes sortes, grosses peluches, jouets plus classiques comme les dernières créations de Playmobil® ou de Lego®, etc, Leonetti Ciro a une longue expérience derrière lui... Également, une adresse via F. Crispi, 82 (B4/C4, M° Piazza Amedeo, ☏081 669009).

Via Toledo, 350/351 • M° Toledo • ☏081 412765 • Lun.-sam. 10h-20h, dim. 10h30-14h.

NOTRE TOP DES PAUSES SUCRÉES

Naples est décidément une ville très gourmande. *Sfogliatelle*, babas, gâteaux à l'amande ou au citron, chocolat et glaces constituent ses péchés mignons favoris. Mais pas les seuls!

Babas napolitains

Pasticceria Pansa

Cette pâtisserie d'Amalfi, située juste en face du Duomo, vous fera forcément craquer : *gelati della nonna, sfogliatelle* ou délices au citron local, le choix sera très difficile.

Voir p. 180, visite 16.

Augustus

C'est ici, sur la via Toledo, qu'il faut goûter aux *sfogliatelle,* ces petits feuilletés fourrés de ricotta. Accompagnés d'un bon café *ristretto,* ils font une parfaite pause gourmande.

Voir p. 93, quartier 7.

Bilancione

Un glacier ultra-gourmand et une vue extraordinaire sur le golfe de Naples et ses îles… Que demander de plus?

Voir p. 130, quartier 10.

PLACES, *VICOLI* ET *BASSI*

Dans le cœur de Naples, les grands espaces aérés et lumineux côtoient le dédale des *vicoli*, ruelles qui ont souvent du mal à voir un coin de ciel. Si le centre n'a rien d'un musée figé en dépit de la richesse des monuments, c'est grâce à ses habitants qui se l'approprient et le pratiquent de façon originale et indisciplinée.

Le samedi soir

Les grandes places sont prises d'assaut par les jeunes Napolitains en fin de semaine ou les soirs d'été : On discute, on plaisante, on flirte entre les Vespa.

Les *pallonetti*

Les petits Napolitains, maîtres dans l'art d'occuper les moindres espaces, placettes ou ruelles pour leurs matchs de foot, ne font que perpétuer une habitude presque millénaire à Naples. Au Moyen Âge, les rues où l'on pratiquait toutes sortes de jeux de ballon étaient appelées les ***«pallonetti»***. Il reste ceux de Santa Chiara, de San Liborio et surtout le célèbre ***pallonetto*** de Santa Lucia, qui a donné son nom à tout le quartier.

L'art de la vie quotidienne

Le linge étendu comme autant de drapeaux multicolores n'est pas seulement un cliché. Il appartient au spectacle de la vie quotidienne. Moins connu, le panier en plastique d'un bleu éclatant attaché par une longue corde aux fenêtres est tout aussi essentiel. Ce système très répandu sert à faire passer les courses, le courrier et mille petites choses aux habitants de ces vieux immeubles sans ascenseur.

Rythmes de la vie

La vie et la mort ne sont pas des affaires privées à Naples, elles s'annoncent par de petits messages codés. Les rubans sont accrochés au-dessus des portes pour signaler avec fierté une naissance. Les affichettes des avis de décès, collées à même les murs, sont une pratique courante dans le centre.

Autel religieux

Un basso napolitain

Religiosité populaire

Variant à l'infini, discrets ou clinquants, fleuris ou à l'abandon, les autels témoignent d'une forte religiosité populaire. Sous les portraits de la Madone ou de saints, les figurines des damnés au milieu des flammes rappellent que l'enfer existe aussi. Certains Napolitains se signent aussi bien devant ces petits monuments que devant les églises. Vu leur nombre, c'est presque une activité à plein temps…

Les *bassi*

Ces logements, souvent d'anciennes échoppes situées au rez-de-chaussée, sont constitués d'une seule pièce mêlant espace habitable et sanitaires. Ces sortes de grottes dont la porte était la seule source d'air et de lumière ont été modernisées il y a une quinzaine d'années. Des fenêtres ont été ajoutées, ouvertes sur des cuisines flambant neuves et des télés aux écrans géants. ■

Chez le barbier

Les *vicoli* tirent leur vitalité des multiples boutiques et ateliers d'artisanat. Parmi les petits métiers qui ont résisté, le barbier vous offre, pour 5 €, les délices du fauteuil, de la mousse onctueuse et parfumée, de la caresse de la lame. Laissez-vous bercer par le bourdonnement de la conversation, depuis les commentaires du dernier match aux polémiques politiques en passant par les projets matrimoniaux du fils aîné, le tout en napolitain, bien entendu !

LE VOMERO ET LA CERTOSA DI SAN MARTINO

8

Accessible par les funiculaires, ce quartier résidentiel est né d'une spéculation immobilière désordonnée, qui a transformé ces campagnes vouées aux cultures maraîchères. Le nom de « *broccolesi* » (du brocoli), attribué à ses habitants, évoque ce passé agricole. Réputé pour la beauté de ses panoramas, sa chartreuse et sa forteresse, le Vomero offre également mille possibilités pour le shopping.

Fresque, Certosa di San Martino

1 Castel Sant'Elmo✦✦

Commencé au XIVe s. par les souverains angevins, le château prit son allure actuelle, basée sur un plan en étoile, au XVIe s. Le vice-roi Pedro de Toledo en fit l'élément clé du système défensif de la ville en exploitant sa position stratégique. Il fut longtemps utilisé comme prison. Plus accueillant aujourd'hui, il offre depuis ses terrasses une vue à 360° sur tout le golfe : assurément la plus belle de Naples ! Aménagé au centre de la cour, dans les anciennes casernes militaires, le **Museo del '900** présente l'art du Novecento napolitain (entrée comprise dans le prix du billet).

081 5587708 **Castel :** *t.l.j. 8h30-19h30 ; billetterie f. 1h avant* **Museo :** *www.polomusealecampania.beniculturali.it • Mer.-lun. 9h-17h • Entrée : 5 €.*

2 Certosa di San Martino✦✦✦

Chartreuse de Saint-Martin

Perchée en haut de la colline du Vomero, la chartreuse de

Grand Cloître dans la Certosa di San Martino

San Martino jouit d'une vue imprenable sur le golfe de Naples. Fondée au XIVe s. à l'initiative de Charles d'Anjou, elle fut réalisée à partir des dessins de l'architecte et sculpteur siennois Tino Di Camaino, célèbre pour avoir réalisé le Duomo de Pise. Considérablement remaniée à l'âge baroque, son gothique d'origine a quasiment disparu sous les « embellissements ».

Une église-musée

Le 22 juin 1886, la chartreuse devint propriété de l'État, en tant que bien confisqué à l'Église. Elle fut ouverte au public dès l'année suivante pour devenir peu à peu un musée dont les collections s'enrichirent de nombreuses donations. La **pinacothèque** retrace l'histoire de la peinture napolitaine du XIXe s.

Pause glacée : Soave

Chez Soave, tous les parfums sont représentés, des plus classiques aux caprices de saisons (marron en hiver, fruits des bois en été, etc.) Comptez de 2 à 4 € selon le type de cornet. Celui bordé de chocolat est excellent.

53 Plan C3 • *Via A. Scarlatti, 130 • 081 5567411 • Lun.-sam. 9h-14h et 16h-dim. 9h-14h.*

Chiesa di San Martino

Dans la cour d'entrée de la chartreuse se dresse l'église de Saint-Martin. Avec son sol entièrement recouvert d'une somptueuse marqueterie de marbres polychromes, ses voûtes ornées de fresques et ses toiles de maîtres napolitains du XVIIe s., c'est un véritable petit bijou baroque. Modifiant radicalement sa structure, les architectes Dosio et Fanzago fermèrent les deux nefs latérales de façon à créer une série de six chapelles directement reliées à la nef centrale. Ne manquez pas la *Madeleine* de Vaccaro, le *Lavement des pieds* de Caracciolo et la *Communion des apôtres* de Ribera. À droite de l'abside, une porte conduit à la salle capitulaire, dont les boiseries datent du début du XVIIe s. Tout au fond, au plafond de la chapelle du Trésor, la fresque du *Triomphe de Judith* par Luca Giordano et, sur l'autel, la *Déposition* de Ribera.

Les cloîtres et le monastère

Le monastère s'articule autour de deux cloîtres que séparent les appartements luxueux du prieur, dont le sol est recouvert d'un pavement en faïence datant du XVIIIe s. L'autorité suprême de la chartreuse pouvait, malgré la règle de la clôture monastique, y recevoir des hôtes de marque. Autour du grand cloître à colonnes doriques de style toscan étaient réparties les cellules des moines. Fanzago y plaça un cimetière rectangulaire : remarquez les étranges crânes sculptés qui surmontent ses balustrades ! Le petit cloître des Procurateurs était, quant à lui, réservé aux frères convers.

L'art de la crèche

La section d'art napolitain occupe l'ancien emplacement des cuisines du couvent. L'immense crèche du collectionneur Cuciniello, datant du XVIIIe s., est le joyau de cet ensemble. Les jeux de lumière recréent successivement les atmosphères de la journée depuis l'aube jusqu'à la nuit étoilée. Le peuple de Naples et les divers métiers sont théâtralement mis en scène. Parmi les autres groupes de santons, le « mendiant aveugle » a été exécuté par Sanmartino, également auteur du *Christ voilé* (p. 35).

La section navale

Dans l'enceinte de la chartreuse, plusieurs salles restaurées célèbrent les bateaux à travers de nombreux tableaux et maquettes. Clou de l'exposition, la *Lancia reale*, une barge de l'époque de Carlo Di Borbone (première partie du XVIIIe s.), longue de 19 m, large de 2,90 m et haute de 2,40 m ! En sortant de cette salle, un petit jardin et une terrasse suspendue offrent une vue somptueuse sur le golfe de Naples.

Largo San Martino, 5 • ☎ 081 2294502 • www.polomusealecampania.beniculturali.it • Jeu.-mar. 8h30-16h ; billetterie f. 30 min avant • Entrée : 6 €.

3 La Pedamentina✦✦✦

Cette rue en pente, aménagée au XIVe s. et constituée de 414 marches, relie la chartreuse

Via Pedamentina

de San Martino à Montesanto (p. 89). Les vieilles maisons qui la bordent donnent à ce chemin une atmosphère bucolique, loin de la frénésie napolitaine. En la descendant, vous jouirez de superbes points de vue sur la ville.

Depuis l'esplanade devant la chartreuse part la via Pedamentina San Martino.

4 Via Alessandro Scarlatti✦

Dans cette longue rue piétonne du Vomero, les boutiques laissent peu de répit aux tentations. Les grands magasins et les galeries commerçantes Scarlatti et Vanvitelli complètent la panoplie. Le carrefour avec la via Luca Giordano est l'un des points de rassemblement des *ragazzi* du quartier.

Via Alessandro Scarlatti

5 Villa Floridiana et Museo Duca di Martina✦✦

Offerte en 1817 par Ferdinand Ier de Bourbon à sa seconde épouse Lucia Migliaccio, duchesse de Floridia, la villa fut transformée par l'architecte toscan Antonio Niccolini, qui sut allier les lignes néoclassiques de l'édifice avec le romantisme du parc à l'anglaise.

Un paradis végétal

Depuis la façade sud de la villa, un escalier de marbre s'étire face à la mer. S'ils respectent l'esthétique symétrique du goût néoclassique à proximité du bâtiment, les jardins se transforment en un labyrinthe de chemins sinueux dès lors que l'on s'en éloigne. Jeux de niveaux et scénographies romantiques, comme le petit temple ionique ou le *teatrino della verdura* (théâtre de verdure), en font un parfait modèle de jardin à l'anglaise.

Un luxueux musée

Lorsqu'en 1917 mourut l'unique héritière de la duchesse de Floridia, la villa fut mise en vente et rachetée deux ans plus tard par l'État italien. Bien que tous les meubles aient été vendus aux enchères, deux salles témoignent encore de la richesse des aménagements intérieurs. Il

Vue de Naples depuis le Vomero

s'agit de la petite salle au plafond décoré de stucs et de personnages mythologiques, et du grand salon de l'étage avec ses bas-reliefs des quatre saisons, ses corniches et consoles de marbre dominées par une voûte décorée de putti volants.

Porcelaine au Museo Duca di Martina

Rassemblant quelque 6000 pièces de verre, laque, corail et ambre, la collection est surtout réputée pour ses porcelaines. Le 1er étage est presque entièrement consacré à la porcelaine de manufacture européenne. Dans la salle de bal se trouvent les pièces maîtresses du musée, issues des manufactures de Capodimonte et de Doccia à Florence. À l'entresol, plus d'un million de pièces composent la section d'art oriental où dominent les productions chinoises et japonaises.

Via D. Cimarosa, 77 • ☎ 081 5788418 • www.polomusealecampania.beniculturali.it
Jardin *: 8h30-19h (16h en hiver)* **Musée** *: mer.-lun. 9h30-17h; billetterie f. 45min avant • Entrée : 4 €.*

Restos Bistrots

Friggitoria Vomero

Pizzeria 54 Plan C4

Tous les Napolitains connaissent la Friggitoria Vomero, tenue depuis 1938 par la famille Acunzo. Le menu, à l'image du décor, n'a pas changé : on y dévore des pizzas frites (en forme de beignet) fourrées au jambon, à la ricotta ou à la mozzarella (1,50 €) et de délicieux beignets d'aubergine (0,20 €). Une « pizza du peuple », comme on la surnomme ici, hypercalorique et roborative à souhait !

Via Domenico Cimarosa, 44 • Funiculaire Fuga • ☎081 5783130 • Lun.-sam. 8h30-21h (23h sam.).

Gorizia 1916

Pizzeria/brasserie 55 Plan C3

Véritable institution, cette brasserie jouit d'un joli décor historique de style Art nouveau. Elle propose aux Napolitains de larges *pizze* cuites au feu de bois, des fritures de poisson légères ainsi que de nombreux plats de pâtes, qui hésitent entre saveurs de la mer ou de la terre. Le dimanche, tout le quartier se retrouve ici pour le traditionnel déjeuner en famille.

Via Gianlorenzo Bernini, 29-31 • M° Vanvitelli • ☎081 5782248 • www.gorizia1916.com • T.l.j. 12h-16h et 19h-1h • Pizzas : 6-10 €; primi : 7-18 €; secondi : 8-20 €; menu spécial (lun.-ven.) : 9 €.

Acunzo

Pizzeria 56 Plan C4

C'est l'un de ces restaurants aux airs de cantine familiale. Une poignée de tables jetées sous des arcades blanches, des murs revêtus de marbre sombre, un décor quasi monacal où l'on déguste d'excellentes pizzas parmi 40 spécialités (de 5,50 à 9 €). Les grands classiques sont aussi à la carte : *fettuccine* (8 €) et gnocchis (7 €), escalope au vin, au citron ou aux champignons (8 €), friture de calamars (8 €) à accompagner de délicieux *contorni* braisés (6,50 €).

Via Domenico Cimarosa, 60/62 • M° Vanvitelli • ☎081 5785362 • www.acunzo1964.it • T.l.j. 13h-15h et 19h30-23h30.

Osteria Donna Teresa

Napolitain 57 Plan C3

Un vrai coup de cœur pour cette petite cantine de Vomero, où les habitués se pressent autour de quelques tables pour un menu unique (15 €). On y concocte une cuisine napolitaine éternelle : soupe aux haricots blancs, boulettes de viande à la tomate, le tout arrosé d'un vin rouge maison à disposition sur les tables (compris dans le menu).

Via Michele Kerbaker, 58 • M° Vanvitelli • 081 5567070 • Lun.-sam. 12h30-15h30 et 19h30-22h30.

L'Ebbrezza Di Noe

Restaurant contemporain 58

Dans l'antre de Luca, les bouteilles tapissent les murs. Ce passionné de vin et de gastronomie a conçu son restaurant comme un lieu à l'atmosphère feutrée, où se retirer du chaos de la ville pour savourer un repas qui sort de l'ordinaire. Dans une ville où la cuisine reste très traditionnelle, on apprécie les propositions de la maison, qui ose des associations surprenantes et n'hésite pas à renouveller régulièrement sa carte. Œuf à la truffe, raviolis à la crème de courge, flan à la pistache ultra fondant en dessert, et pour accompagner le tout, de très bons conseils sur le choix du vin. Réservez, la salle est petite et renommée.

Vico Vetriera, 8b • +39081400104 • Mar-sam midi et soir, dim midi, f. lundi • http://www.dlassociatesdesign.com/noe/

La Cucina Di Elvira

Restaurant populaire 59

À la pause déjeuner, le quartier fourmille d'employés qui s'attablent dans les nombreuses cantines du Vomero. Ici, chez Elvira, la simplicité est de mise, la déco pratiquement inexistante. Pourtant, pas de doute, c'est une perle : pour un menu fixe de 15 €, on a un repas complet – plat de pâtes suivi de viandes et légumes – d'une grande fraîcheur. Tous les classiques de la tradition sont là, mais on a un faible pour la *pasta e patate* servie avec sa fondue de provolone, un fromage légèrement piquant. Les légumes de saisons eux, sont à choisir sur un vaste buffet très appétissant.

Via Gian Lorenzo Bernini, 42 • Mar-dim midi et soir • + 393389338810

Bars, clubs Sorties

Renzo e Lucia

Bar 19 Plan C3

Adresse très classe, salle immaculée sobrement meublée, gigantesque terrasse. Ce bar, voisin du Castel Nuovo, vaut d'abord pour sa vue exceptionnelle qui embrasse tout le golfe de Naples, ou presque. Évitez le restaurant.

Via Tito Angelini, 33 • M° Vanvitelli • 081 19171022 • Facebook : Renzo e Lucia Napoli • Mar.-ven. 16h-23h30, sam.-dim. 12h-23h30.

Hôtels B&B

Pinto-Storey

Hôtel

Cet hôtel fondé en 1868 vous séduira par son style Old England

Mercatino di Antignano

et par le charme chaleureux de ses boiseries. Demandez une chambre avec vue.

Via G. Martucci, 72 (Plan C4, quartier 8) • M° Piazza Amedeo • ☏ 081 681260 • www.pintostorey.it • De 78 à 138 €.

Shopping Cadeaux

Gallucci

Chocolats 30 Plan C3

Le magasin-laboratoire se transforme, à Noël et à Pâques, en maison de chocolat. Si vous n'avez plus assez de place dans votre valise pour emporter les cloches et les œufs, il vous sera toujours possible de déguster sur place la *foresta* : délicieuse bûche de chocolat en version mini ou maxi (30 €/kg). Également, une adresse via Cisterna dell'Olio, 6 (G8, M° Dante ☏ 081 5513148, lun.-sam. 8h-20h, dim. 8h-14h).

Via G. Bernini, 100 • M° Vanvitelli • ☏ 081 0491666 • Lun.-sam. 9h30-20h.

Mercatino di Antignano

Marché 31 Plan B3

Ce marché populaire du Vomero est l'un des plus connus de Naples pour ses bonnes affaires. On y trouve des vêtements, des chaussures, des bijoux, des sacs, des parfums, des tissus, des ustensiles de cuisine, à des prix défiant toute concurrence. Pour faire des affaires, venez tôt et n'ayez pas peur de plonger dans la mêlée.

Plazza Antignano • M° Quattro Giornate • Lun.-sam. 8h-13h.

La Città del Sole

Jouets

32 Plan C3

Dès l'entrée, le regard embrasse un monde serein fait de jouets en bois comme on les aime à tout âge. Ils ne sont pas seulement décoratifs, mais également éducatifs, organisés par âges et pardomaines. Pour les plus grands, les « archéo-puzzles » (à partir de 15 €) sont une incroyable trouvaille qui les ravira.

Via M. Kerbaker, 46 • M° Vanvitelli • ✆ 081 5781480 • www.cittadelsole.it • Lun.-sam. 9h30-13h30 et 16h30-20h.

Gennaro Bottone

Chocolats

33 Plan C3

Vous voici dans le royaume du chocolat, l'une des grandes spécialités de Naples. Bien disposées dans des boîtes qui sont des œuvres d'art à elles seules, les truffes de cette boutique traditionnelle fondent dans la bouche. Pour les amateurs, une visite de l'atelier (via P. Castellino, 132, HP par B2, M° Rione Alto) sous la houlette du chocolatier G. Bottone est possible, histoire de prolonger la dégustation. Également une adresse via Gennaro Serra, 78 (D4, M° Toledo).

Via G. Bonito, 2 • M° Vanvitelli • ✆ 081 5560563 • www.gennarobottone.eu • T.l.j. 9h30-20h.

CHIAIA ET LE LUNGOMARE

9

C'est ici, sur le promontoire du Pizzofalcone, que se sont installés les premiers colons grecs, donnant naissance à la cité de Parthénope. Le château de l'Œuf, bâti sur l'îlot de Mégaride, veille quant à lui sur la ville depuis le XIIe s. C'est le point de départ d'une superbe promenade le long de la mer sur le *lungomare*, aménagé par les Bourbons. Le quartier chic de Chiaia déploie ensuite ses luxueuses vitrines et ses dizaines de bars, dont les terrasses envahissent les rues le soir venu.

Lungomare

1 Via Santa Lucia✦

Jusqu'au XVIe s., Santa Lucia était le nom d'une plage et d'un petit bourg de pêcheurs. En 1599, le vice-roi Don Enrique de Guzmán, comte d'Olivares, décide de transformer le quartier et de faire construire une grande rue pour favoriser l'expansion de la ville vers l'ouest. Les travaux ne s'achèvent qu'au XXe s., avec la construction d'immeubles séparant la rue du bord de mer. C'est ici que se trouvent les hôtels les plus luxueux de la ville, dont le célèbre Vesuvio.

2 Castel dell'Ovo✦✦

Château de l'Œuf

Sur l'îlot de Mégaride s'élève le plus ancien château de la ville. Une légende médiévale veut que cette forteresse soit liée à Virgile. L'un des talismans du poète serait en effet caché dans les fondations du château. Il s'agirait d'un œuf, conservé dans une bouteille protégée par une cage de métal. Tant que l'œuf restera intact, la ville ne subira ni destructions ni invasions… La terrasse du château offre une jolie vue à 360° sur le golfe.

Borgo Marinari • ☎081 7956180 • Dim.-lun. 9h-17h et mar.-sam. 9h-19h; billetterie f. 30 min avant • Résa obligatoire • Accès libre.

3 Pizzofalcone✦

C'est sur ce rocher en forme de tête de faucon *(falcone)*, face à la mer, que les colons grecs fondèrent au VIIe s. av. J.-C. le site de Parthénope – du nom de la sirène qui se laissa mourir sur le rivage. Rebaptisée **Paleapolis** 200 ans plus tard, la vieille ville est abandonnée jusqu'au XVIe s., où elle deviendra le lieu de résidence de la noblesse napolitaine. Le **belvédère** de la via Egiziaca, malgré son piteux état, offre une belle vue sur le quartier et la mer.

Accès par la Scala Ponte di Chiaia.

4 Villa Comunale✦

Elle abrite le Centre de recherches sur la biologie marine (stazione zoologica A. Dohrn) et le plus vieil aquarium d'Italie, inauguré en 1874. Les 25 bassins présentent une partie de la faune et de la flore du golfe.

Villa comunale : *t.l.j. mai-oct. 7h-minuit, nov.-avr. 7h-22h • Accès libre.*

5 Chiaia✦✦

L'élégante **piazza dei Martiri** est emblématique de ce quartier

Bâtiments résidentiels, Chiaia

chic : aménagement soigné, statues altières posées au milieu d'un jardin verdoyant, boutiques de luxe envahissant les pas de porte… Dans les rues rectilignes qui cernent la place, en particulier dans la **via dei Mille** et dans la **via della Cavallerizza,** les jeunes créateurs qui montent côtoient les grandes marques, tandis que les adresses branchées fleurissent de toutes parts. Un musée d'art contemporain, le **Palazzo delle Arti Napoli,** propose quelques distractions plus culturelles (via dei Mille, 60 ; t.l.j. 9h30-19h30 ; accès libre). Au coucher du soleil, de

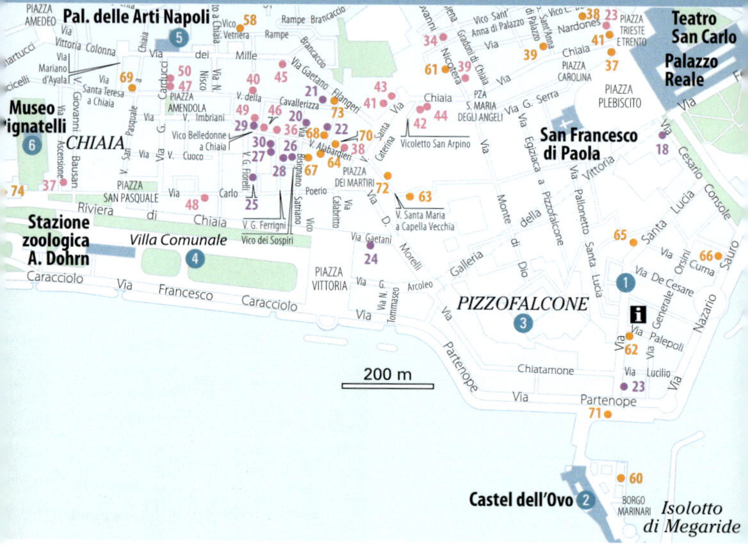

nombreux bars ouvrent leurs portes et les rues sont envahies par des groupes de jeunes bien apprêtés.

6 Museo Pignatelli★★

Devenu « promenade royale » sous l'impulsion de Ferdinand IV, le *lungomare* de Naples se couvrit dès le XVIIIe s. de demeures somptueuses. Difficile de manquer l'imposante colonnade néodorique de la Villa Pignatelli. Construite sur le modèle d'une ancienne maison pompéienne, cette villa-musée a conservé l'atmosphère luxueuse et feutrée des grandes demeures patriciennes. Des expositions temporaires y sont organisées tout au long de l'année.

Une résidence aristocratique

Dessinée par l'architecte Pietro Valente en 1826, la villa se distingue par sa situation surélevée, au beau milieu d'un jardin. Cette caractéristique révèle l'origine de son commanditaire, sir Ferdinand Richard Acton, qui appliqua les canons de l'esthétique anglaise de l'époque. Après sa mort prématurée, la villa fut rachetée par le banquier allemand Carl Mayer von Rothschild, qui la fit entièrement mettre au goût du jour par un architecte français. Ce n'est qu'en 1867 qu'elle fut acquise par le duc de Monteleone, le prince Diego Aragona Pignatelli Cortes.

Appartements princiers et carrosses

Le musée est constitué des différentes pièces de la villa, léguées intactes à la commune de Naples en 1955 par la princesse Rosina Pignatelli. On visite les divers espaces de réception – le Salon rouge, le Salon vert, le Salon bleu –, la bibliothèque et la salle à manger où meubles et objets ont gardé leur place d'origine. La visite se termine par la découverte du petit **musée des Carrosses,** qui occupe un pavillon attenant aux anciennes écuries de la villa.

Riviera di Chiaia, 200 • ☎848 800288 • www.polomuseale • campania. beniculturali.it • Mer.-lun. 9h30-17h; billetterie f. 1h avant • Entrée : 2 € (parc), 5 € (parc + musées Pignatelli et des Carrosses).

Restos | Bars | Hôtels | Shopping | Activités

Restos Bistrots

Osteria della Mattonella

Osteria 61 Plan D4

Cachée dans une rue enjambant la via Chiaia, cette *osteria* familiale aux murs couverts de majolique vous initiera aux plaisirs simples de la gastronomie napolitaine. *Ragù* fondant, *pasta alla genovese*, *polpette*, friture de poissons, *baccalà* au four, tous les classiques sont là, pour un prix modique. Fatima, la jeune fille de la maison, vous accueillera avec une rare gentillesse, relayant en salle sa maman occupée aux fourneaux. On repart avec l'envie de faire partie de la famille.

Pause saveurs de la mer : 'O Tabaccaro

Le **Borgo Marinari,** au pied du château de l'Œuf, est un ancien village de pêcheurs reconverti en port de plaisance. Isolée au milieu des terrasses des restaurants touristiques, on repère la modeste enseigne 'O Tabaccaro. On l'appelle ainsi, car ce restaurant fait également office de bureau de tabac. Sur le port et en face des plus grands hôtels de la ville, Rosaria vous fera déguster les *spaghetti alla Conte*, avec crevettes et calamars (9 €). Service parfois un peu rude.

60 Plan D5 • *Borgo Marinari, via Luculliana, 28 • ☎081 7646352 • Sept.-juin ven.-mer. 12h-15h30 et 20h-23h (f. dim. soir en hiver); juil.-août t.l.j. 20h-23h.*

Via G. Nicotera, 13 • M° Municipio • ☎ 081 416541 • Lun.-sam. 12h30-16h et 19h-23h, dim. 12h30-16h • Antipasti : 3,50-4,50 € ; **primi** *: 6-8 € ;* **secondi** *: 5-6 €.*

Il Ristorantino dell' Avvocato

Trattoria

62 Plan D5

Dans le quartier de Santa Lucia, à quelques pas du château de l'Œuf, une trattoria moderne et inventive qui propose une formule très intéressante à midi. À la carte, des poissons grillés, des pâtes *al dente* aux fruits de mer ou aux légumes et quelques recettes régionales incontournables. Le soir, place à un menu gastronomique plus onéreux, mais qui joue une partition plus élégante.

Via Santa Lucia, 115 • M° Municipio • ☎ 081 0320047 • www.ilristorantinodellavvocato.it • Lun.-sam. 12h30-23h, dim. 12h30-15h • Midi : plat unique 12 € ; antipasti : 12-25 € ; **primi** *: 14-16 € ;* **secondi** *: 14-22 € ; soir : 50 € à la carte ou menu dégustation : 50-65 €.*

L'Altro Coco Loco

Poisson

63 Plan D5

L'une des grandes tables de Naples, cachée au fond d'une ruelle partant de la piazza dei Martiri. Le cadre se veut élégant (lumières tamisées, fauteuils confortables, tables joliment dressées) et la cuisine, de haute tenue. Le chef aime travailler des produits de la mer ultra-frais, jouant sur l'alternance entre cru, cuit ou frit… Carpaccio de poisson, morue farcie en tempura, *linguine* aux encornets ou poulpe cuit dans le vin, les assiettes font toujours preuve d'une belle harmonie, à l'image du service. Bon point supplémentaire, le pain (maison) est à tomber. Un sommelier vous conseillera le vin idéal, à choisir parmi une large sélection de crus italiens et français. Attention, la note peut vite grimper !

Vicoletto Cappella Vecchia, 4 • M° Piazza Amedeo • ☎ 081 7641722 • Lun.-sam. 20h-minuit, dim. 13h-16h • Résa indispensable • Antipasti : 15-25 € ; **primi** *: 18-24 € ; poisson : à partir de 22 €.*

Bistrò Gourmeet

Bistrot

64 Plan C4

Si vous êtes las de la trattoria classique, filez dans ce bistrot chic et design au sous-sol du mercato Gourmeet (p. 122). Tout n'est pas dans le décor, on y déjeune très bien de produits typiques de la Campanie triés sur le volet : *salsiccia* (saucisse), *polpette al limone* (boulettes de veau au citron), *sformato di riso ai funghi* (gâteau de riz aux champignons), le tout accompagné d'une très belle sélection de vins (le Fiano di Avellino est excellent) à des prix tout à fait corrects. Pour un changement d'ambiance radical.

Via Alabardieri, 8/11 • M° Piazza Amedeo • ☎ 081 7944131 • www.gourmeet.it • Mar. et dim. 12h30-15h30, mer.-sam. 12h30-15h30 et 19h30-minuit • Plats midi : 8-10 €.

L'Altro Coco Loco

Da Ettore

Pizzeria 65 Plan D5

Cette pizzeria, ouverte depuis plus d'un siècle, est une ancienne cave offrant « vins et cuisine ». Il faut absolument venir y goûter le célèbre *pagnottiello* (8,50 € sur place, 7 € à emporter), énorme chausson de pâte à pizza cuit au four et garni de ce qu'il vous plaira d'y mettre ! Vous pouvez l'emporter ou le manger sur place. Tables à l'extérieur en été. Le service est efficace et le restaurant, très fréquenté.

Via Santa Lucia, 56 • M° Piazza Amedeo • ☎ 081 7640498 • Lun.-sam. 12h30-15h30 et 19h-minuit.

La Cantinella

Napolitain 66 Plan D5

La Cantinella a plus d'un atout dans ses cuisines. Pour vous en convaincre, essayez donc les *linguine alla Santa Lucia* (pâtes fraîches avec sauce tomate aux poulpes, seiches, crevettes et fruits de mer). Le restaurant possède aussi l'une des meilleures caves de la ville.

Via Nazario Sauro, 42 • M° Piazza Amedeo • ☎ 081 7648684 • www.lacantinella.it • Lun.-sam. 12h30-15h et 19h30-23h30, dim. 12h30-15h • À partir de 50 €.

Ba-Bar Ristorante

Bistrot 67 Plan C4-5

Bistrot, bar à vins, lieu de rencontres culturelles, Ba-Bar, c'est un peu tout cela à la fois. On vient bouquiner dans ses sofas moelleux, jouer au backgammon, faire une partie de *bigliardino* (baby-foot), découvrir son incroyable sélection de vins et de gins du monde entier, ou dîner entre amis autour d'une cuisine méditerranéenne inventive (hamburger : 13 € ; piadina avec stracchino et saucisse : 8 €).

Via Bisignano, 20 • M° Plazza Amedeo • ☎ 081 7643525 • www.ba-bar.it • Mar.-dim. 17h-2h • Résa conseillée • Entrées : 5-12 €; plats : 7-12 €.

Antica Latteria

Trattoria 68 Plan C4

Dotée d'un joli décor (céramiques colorées au mur et poutres au plafond), cette trattoria ouverte en 1950 a la faveur des Napolitains. Beau choix de pâtes (*pasta e patate, pasta e fagioli, pasta e lenticchie*, gnocchis aux aubergines à tomber !) et *polpette al ragù*. Les amateurs de poisson opteront pour la friture du golfe. Pas de terrasse, mais deux salles climatisées.

Vico II Alabardieri, 30/31 • M° Piazza Amedeo • ☎ 081 0128775 • Facebook : Antica Latteria • T.l.j. 12h30-15h30 et 19h30-23h (f. dim. soir et 3 sem. août) • Plats de pâtes : 8-12 €; menu (lun.-ven.) : 10 € ; à la carte : 20-30 €.

Da Tonino

Trattoria 69 Plan C4

Le patron, qui a un sens de la dérision assez hors du commun, dit de sa trattoria qu'elle a de l'esprit et que la clientèle doit avant tout le supporter ou bien aller manger ailleurs. « Nous faisons tout avec humour, amour et... tout. » Quelle invitation alléchante pour s'asseoir chez Tonino et prendre, les yeux fermés, son menu du jour ! Bonne cuisine familiale, efficacité et gentillesse pour un petit prix.

Via S. Teresa a Chiaia, 47 • M° Piazza Amedeo • ☎ 081 421533 • Lun. 13h-16h, mar.-dim. 13h-16h et 20h-23h30 • Déjeuner : 15-30 €.

Umberto

Trattoria 70 Plan C4

On vient chez Umberto pour déguster des pizzas parmi les meilleures de la ville (7-11 €). Ne partez pas sans avoir goûté les célèbres *risotto alla pescatora* avec calamars, crevettes et langoustines (16 €), les poulpes à la poêle avec tomates du Vésuve (13 €) ou les *maccheroncelli alla norma* (9 €), une recette de pâtes simple, mais extraordinaire. Un vrai régal !

Via Alabardieri, 30/31 • M° Piazza Amedeo • ☎ 081 418555 • www.umberto.it • Lun. 19h-minuit, mar.-dim. 12h-15h et 19h-minuit.

La Bersagliera

Napolitain 71 Plan D5

Au cœur de l'exquis Borgo Marinari, la terrasse de La Bersagliera est installée sur le port de pêche. Cuisine napolitaine traditionnelle à base de poisson, à déguster au milieu de parfums très marins et du gracieux tintement des mâts de bateaux. Panorama et atmosphère romantiques sont au rendez-vous. Sachez tout de même que Dalí, Sophia Loren, Totò et Marcello Mastroianni vous ont précédé dans ce décor privilégié.

Borgo Marinari, 10-11 • M° Piazza Amedeo • ✆081 7646016 • www.labersagliera.it • Mer.-lun. 12h-15h30 et 19h30-minuit (ouv. mar. en été) • Repas : 30-40 €.

Vinarium Napoli

Bar à vins 72 Plan C-D5

C'est l'une des grandes institutions dédiées au vin à Naples. Plus de 600 étiquettes différentes (de 6 à 200 € la bouteille, et de 3 à 10 € le verre) à déguster avec les grands classiques de la cuisine italienne (*tagliata* de veau avec accompagnement : 20 €, antipasti 8,50-13 €). Une grande salle voûtée, des tables de bistrot, une clientèle vivante d'habitués, une adresse comme on les aime.

Via Santa Maria a Cappella Vecchia, 7 • M° Piazza Amedeo • ✆081 7644114 • www.vinariumnapoli.it • Lun.-ven. 12h30-16h et 19h-1h, sam.-dim. 19h-1h.

Gran Caffè Cimmino

Pâtisserie 73 Plan C4

On s'y presse en début de soirée, après des heures de shopping dans les boutiques de luxe du quartier. C'est une Naples un peu tape-à-l'œil, celle des grosses voitures, des chemises ouvertes et des bijoux voyants qui défile au Cimmino. Mais la terrasse sur la place Rodinò est idéale pour dévorer les pâtisseries maison, dont le baba classique, servi ici pour une personne (15 €) ou pour 10 ! Essayez aussi la *crostata di fragoline* (19,50 €), une délicieuse tartelette aux fraises des bois.

Via G. Filangieri, 12/13 • M° Piazza Amedeo • ✆081 418303 • T.l.j. 7h-minuit.

Vinarium

Da Dora

Poisson 74 Plan B4-5

Ce restaurant est à Naples la « maison du poisson ». Dora est aux fourneaux, ses fils sont pêcheurs : aucun doute à avoir sur l'excellence des daurades et coquillages qui arriveront dans votre assiette, elle a fait la très grande renommée du restaurant. Si vous voulez un *primo*, optez pour les *linguine alla Dora* (homard, gambas, langoustines, calamars et fruits de mer) à 24 €.

Via F. Palasciano, 30 • M° Piazza Amedeo • ☏081 680519 • www.ristorantedora.it • Mar.-dim. 13h-14h45 et 19h45-23h45.

Bars, clubs Sorties

Happening Cocktail Bar

Bar à cocktails 20 Plan C4

Située dans l'une des ruelles les plus animées de Chiaia, cette adresse déborde sur la rue. Les jeunes du quartier aiment s'y retrouver en début de nuit pour trinquer ou siroter quelques cocktails. La spécialité ? Les classiques italo-américains, où les amers sont rois : Americano, negroni, Martini-dry…Mais on peut aussi craquer pour une margarita ou un gin-tonic.

Via Bisignano, 2 • M° Piazza Amedeo • ☏345 6662057 • http://happeningbar.it • T.l.j. 18h-2h (3h jeu.-sam.) • Cocktails : 7-10 €; verre de vin généreux : 5 €.

Cantine Sociali

Terrasses 21 Plan C4

Cet établissement ultra-animé, étape incontournable des noctambules de Chiaia, s'étale sur une bonne partie de la jolie place Giulio Rodinò. Il dispose de trois terrasses et de plusieurs bars, aux ambiances différentes. Que l'on passe pour l'*aperitivo* (plantureux buffet), pour boire un verre de vin ou pour un cocktail en fin de soirée, c'est toujours plein !

Piazza Giulio Rodinò • M° Piazza Amedeo • ☏338 3511375 (mob.) • T.l.j. 17h45-3h15.

Mosto

Bar à bières 22 Plan C4

Poussez la porte de ce bar à bières de copains grand comme un mouchoir de poche, où l'on fait vite des rencontres. Excellent choix de bières artisanales, à la pression comme en bouteille, et dans tous les styles : pilsner, IPA, lager, blanche, bitter… Elles proviennent presque toutes de microbrasseries italiennes, parfois même de Naples. Grosse ambiance le week-end, où l'on n'hésite pas à jouer de la guitare ou du piano et à chanter tous en chœur. Également, une belle carte d'alcools, en particulier de whiskys.

Vico Alabardieri, 28 • M° Piazza Amedeo • ☏081 0584703 • www.mosto.beer • Dim.-jeu. 18h-1h30, ven.-sam. 19h-2h30 • Bières artisanales : à partir de 5 €.

Officina

Bar branché

23 Plan D5

La belle terrasse, avec vue sur le château de l'Œuf, n'est pas le seul atout de ce café moderne et branché. D'abord, c'est ouvert en continu et on peut aussi bien y prendre un petit déjeuner, y faire une pause ou venir profiter de l'air de la mer en soirée. Ensuite, comme chez Ba-Bar (p. 116), qui appartient au même propriétaire, on profite ici d'un excellent *aperitivo* et de tapas bien troussées. Enfin, on y déguste d'excellents cocktails et une belle sélection de vins, qui attirent une clientèle hétéroclite de locaux et de touristes.

Via Santa Lucia, 169 • M° Municipio • ☏081 7643525 • T.l.j. 7h-1h (plus tard le w.-e., f. au dern. client) : petit déj. dès 7h, lunch 12h30, **aperitivo** ***19h, dîner 19h30.***

L'Antiquario

Bar à cocktails

24 Plan C5

Ce *speakeasy* dissimulé dans une rue assaillie par la circulation se hisse facilement parmi les meilleurs bars de Naples. On aime profiter de son cadre cosy et reposant où de profonds fauteuils invitent à prendre son temps. Au comptoir, des barmans à nœud pap' très chevronnés, qui n'hésitent pas à faire le show. La carte propose aussi bien des classiques entrés dans la légende de la mixologie que des créations maison, où toutes les audaces sont permises.

Via Vanella Gaetani, 2 • M° Piazza Amedeo ou funiculaire Parco Margherita • ☏081 7645390 • www.antiquariobar.com • T.l.j. 19h30-3h • Cocktails : 12-15 €

Barril

Bar

25 Plan C5

À mille lieues des adresses bling-bling de la rue G. Fiorelli : il faut descendre quelques marches pour rallier ce bar très agréable à la cour intérieure aménagée en jardin. On s'assied sur des troncs d'arbre face à une table en fût de chêne, et on sirote un verre au son de notes de jazz brésilien.

Via Giuseppe Fiorelli, 11 • M° Piazza Amedeo • ☏393 9814362 (mob.) • www.barril.it • Mar.-dim. 19h-2h • Cocktails : 7 €.

Spritz

Bar

26 Plan C4-5

Façade et mobilier orange, nom du bar : pas de doute, ici, le spritz est roi ! Ce cocktail composé de prosecco, de Campari et d'une rondelle d'agrume fait les belles heures des nuits napolitaines. Ici il se déguste à toute heure, mais surtout à l'apéro ou en deuxième partie de soirée.

Via Bisignano, 45 • M° Piazza Amedeo • ☏335 444547 (mob.) • Mar.-dim. 18h-3h.

Nàis

Bar

27 Plan C5

Dans ce quartier où les bars à cocktails pullulent, la concurrence oblige chacun à se spécialiser. Nàis, c'est l'antre du quinquagénaire bon vivant, amateur de bonnes agapes – l'incontournable buffet-apéro est plutôt bien garni –, amoureux de jazz, à la chemise impeccable, mais assez nostalgique pour feuilleter la bio des Clash qui traîne sur les étagères ; un adepte des moments partagés entre vieux amis, des bons vins et des cocktails – goûtez le Hurricane au rhum ambré et citron vert (8 €) – que l'on sert ici avec tout l'apparat nécessaire.

Via G. Ferrigni, 29 • M° Piazza Amedeo • ☎081 6580466 • T.l.j. 18h-2h.

S'Move Light Bar

Bar 28 Plan C4-5

Une autre adresse où commencer la soirée en prenant un verre sur le trottoir, parmi la foule des jeunes Napolitains. Une salle au rez-de-chaussée avec un grand bar et une autre à l'étage avec une balustrade qui permet de participer à l'ambiance générale. Bonne sélection de musique variée pour tous les goûts.

Vico dei Sospiri, 10 • M° Piazza Amedeo • ☎081 19567977 • Mar.-ven. 20h-2h, sam.-dim. 20h-4h (f. août) • Bières : 5 €; verre de vin : 5 €; cocktails : 7 €.

Enoteca Belledonne

Bar à vins 29 Plan C4

À l'origine, c'était un endroit où l'on vendait exclusivement de l'huile et du vin. Après en avoir hérité, Antonio et Ciro l'ont transformé en vinothèque en conservant la chaleur d'origine du lieu. Depuis, l'Enoteca Belledonne est devenue un bar couru par une foule d'amateurs savourant joyeusement sur le pavé Fiano di Avellino (5 € le verre), Coda di Volpe (5 €), mais aussi des Morellino de Toscane (5 €) accompagnés d'antipasti offerts par la maison !

Vico Belledonne a Chiaia, 18 • M° Piazza Amedeo • ☎081 403162 • www.enotecabelledonne.it • Lun. 16h30-1h, mar.-sam. 10h-13h30 et 17h-2h, dim. 19h-1h.

La Casita Retró

Bar à cocktails 30 Plan C5

Son atmosphère rétro en fait l'un des bars à cocktails les plus agréables du quartier. Ici une fontaine à absinthe, là un miroir doré, des raquettes de tennis en bois, une machine à coudre Singer, des verres à cocktails finement ciselés, etc. son bric-à-brac, baigné d'une lumière douce, vous plonge dans l'intimité d'un boudoir voluptueux. On y sirote des cocktails originaux – goûtez le détonant Terra Mia (vodka, *succo di limone*, liqueur de litchi et piment : 8 €) – au bar ou calé dans un profond sofa club.

Via G. Ferrigni, 31 • M° Piazza Amedeo ou Toledo • ☎333 4966309 (mob.) • T.l.j. 18h-2h.

La Casita Retrò

Hôtels B&B

Grand Hôtel Santa Lucia

Hôtel

Une vue magnifique sur le Castel dell'Ovo, d'élégants salons, des tableaux du XVIIe s. et des lustres de Murano…

Via Partenope, 46 (Plan D5, quartier 9) • M° Piazza Amedeo • ☎ 081 7640666 • www.santalucia.it • De 140 à 200 €.

B&B Napoli Franca

B&B

Le B&B de Franca et Enrico propose 4 chambres simples ouvrant sur une terrasse avec un panorama inoubliable sur la ville, le golfe et Capri.

Corso Vittorio Emanuele, 110/1 (Plan B4, quartier 9) • Ligne Cumana, arrêt C.V. Emanuele • ☎ 081 661251 • www.bbfranca.it • De 65 à 90 €.

Shopping Cadeaux

Arsenio Musiello

Gastronomie 34 Plan D4

Dans le décor de cette *salumeria* de San Ferdinando, Arsenio Musiello semble sorti d'un film des années 1950, avec sa moustache grise et généreuse, son ventre rebondi et sa voix forte… Huiles d'olive DOP de Sorrento (10 €/l), *salami* et *salsiccie* (saucisses) d'Agerola (22 €/kg), *pasta* Setaro de Torre Annunziata (3,40 €/kg), *mozzarella di bufala* (14 €/kg) ou pecorino, vous trouverez ici le meilleur de la gastronomie de Campanie.

Via Giovanni Nicotera, 85 • M° Piazza Amedeo • ☎ 081 417385 • Lun.-sam. 8h-14h15 et 16h30-20h30, dim. 9h-14h15.

Arfé

Gastronomie 35 Plan C4

Arfé est le Fauchon napolitain, le top de la qualité. Côté fromages, la *provola*, les fromages frais de la péninsule sorrentine, les *pecorini* (brebis) du Matese et, bien entendu, la mozzarella sont tout simplement fabuleux. Les plats cuisinés à emporter (3,90-4,90 €), comme les poissons fumés (anguille, esturgeon), sont une tentation insupportable. Inutile d'essayer d'y résister !

Via Giacomo Piscicelli, 37 • M° Piazza Amedeo • ☎ 081 669153 • Lun.-sam. 8h-20h, dim. 8h30-14h.

Ciro Ricci : Sandali

Chaussures 36 Plan C4

Jackie Kennedy avait un faible pour cette minuscule échoppe qui fait aussi cordonnerie. La famille Ricci y fabrique des sandales à la main et sur mesure depuis plus de 50 ans. En quatre jours, vous pouvez avoir votre paire (65-200 €). Le modèle Caprese, très ouvert, à talons plats, type sandales romaines, est sans doute l'un des plus séduisants.

Vico Belledonne a Chiaia, 23 • M° Piazza Amedeo • ☎ 081 414698 • Lun. 16h-20h, mar.-ven. 9h30-13h30 et 16h-19h30, sam. 9h30-13h30.

Cilento & Fratello

Mode homme 37 Plan C5

Le royaume des étoffes de superbe qualité : soie, coton grand luxe, cachemire. Pour s'offrir un plaisir luxueux, deux essayages à quatre jours d'intervalle permettront à ces messieurs de se faire coudre une chemise sur mesure, avec initiales brodées (280 €). Et pour un costume, comptez trois essayages sur une durée de 15 jours, le résultat sera prêt un mois plus tard. Côté prêt-à-porter, sélection de polos en coton peigné et beaux pulls, chaussures de grande classe. Expéditions possibles.

Via Riviera di Chiaia, 203/204 • M° Piazza Amadeo • ☎ 081 5513363 • www.cilento1780.it • Lun.-sam. 10h-13h30 et 15h45-20h.

Mercato Gourmeet

Gastronomie 38 Plan C4

Le Mercato Gourmeet, c'est un peu le temple des gastronomes. Imaginez… Les meilleures *pasta di gragnano* – ne manquez pas le conditionnement en paquet de 1 m, 10 €/kg –, un rayon charcuterie réunissant d'excellents jambons crus de Parme, de la bresaola, du speck, un rayon de fromages italiens à faire tourner la tête, un banc de poissons et une boulangerie géniale proposant des *pizze al taglio* ; sans oublier une cave à rendre Bacchus envieux et une cafétéria chic où manger sur le pouce… Bref, le bonheur !

Via Alabardieri, 8-11 • M° Piazza Amedeo ou Toledo • ☎ 081 794 41 31 • www.gourmeet.it • Lun.-jeu. 8h30-21h30, ven.-sam. 8h-22h.

Alessandra Avallone

Bijoux 39 Plan D4

Colliers, sautoirs, boucles d'oreilles, cette créatrice signe des bijoux fantaisie composés de métal et de cristal Swarovski. Un festival de couleurs vives – jaune, rouge, bleu pétard – ou de dorures. Également, une jolie collection destinée aux futures mariées, aux tons plus sobres… Bracelets de 15 à 65 €.

Via Chiaia, 178 • M° Piazza Amedeo • ☎ 081 402401 • www.alessandraavallone.com • Lun.-sam. 10h30-13h30 et 16h30-20h.

E. & G. Cappelli

Cravates 40 Plan C4

Dans une cour intérieure aménagée en jardin, l'atelier-laboratoire de Patrizio est né de ce concept immuable : c'est la bonne confection qui fait la belle cravate (100-150 €), fût-elle en soie précieuse ! Pari tenu pour ces superbes cravates, toutes réalisées à la main. La sept plis est irrésistible.

Via Cavallerizza, 37 • M° Piazza Amedeo • ✆ 081 400166 • www.patriziocappelli.it • Lun.-sam. 10h-13h30 et 16h-20h.

Tramontano

Maroquinerie 41 Plan C4

Créée en 1865, la marque est restée dans la famille Tramontano jusqu'en 1997. Rien n'a changé depuis pour cette maison qui compte Woody Allen et Tom Cruise parmi ses fidèles clients. Les sacs, valises et petits accessoires, parmi lesquels le fameux portefeuille Tramontano, sont tous fabriqués avec des matériaux naturels (cuir, mais également bois, bambou et coquillages). La tête de loup travaillée à la main qui orne les ceintures est l'emblème de la marque. Comptez 60 à 95 € pour un portefeuille ou une ceinture.

Via Chiaia, 143 • M° Piazza Amedeo • ✆ 081 414837 • www.tramontano.it • Lun.-sam. 10h-14h et 16h-20h.

Siola

Mode enfant 42 Plan D4

Un nom qui se transmet de mère en fille depuis sa création en 1937. Cette jolie boutique propose différents salons selon le style de vos chers bambins : coin tendre pour les raffinés avec la marque La Stupenderia ; coin tonique pour ceux qui n'ont pas froid aux yeux et se délectent des lignes très colorées de Monnalisa... De 60 à 279 €.

Via Chiaia, 111/115 • M° Piazza Amedeo • ✆ 081 415036 • www.siola.it • Lun.-sam. 9h30-20h, dim. 10h-13h30 et 17h-20h.

Mariano Rubinacci

Mode homme 43 Plan C-D4

Malaparte et De Sica étaient friands de la sobriété de ce tailleur-chemisier qui s'est imposé dans les années 1930. Dans ce magasin labyrinthique, la tradition s'associe à un vaste choix de prêt-à-porter. Deux spécialités valent le détour : les cachemires et les cravates sur mesure (180-220 €).

Via Chiaia, 149 • M° Piazza Amedeo • ✆ 081 415793 • www.marianorubinacci.com • Lun.-sam. 10h-13h30 et 16h30-20h.

L'Erbolario

Beauté 44 Plan D4

Cette célèbre herboristerie milanaise a conquis le Sud grâce à ses produits de beauté à base de plantes et 100 % naturels. Crèmes hydratantes, eaux purifiantes, huiles nourrissantes, etc., les produits s'adaptent à tous les types de peaux ou de cheveux. La crème pour le corps au beurre de Karité (22 €/250 ml), le masque jeunesse (18 €) et le shampoing à l'huile d'argan (9,50 €/20 ml) sont particulièrement populaires.

Via Chiaia, 117 • M° Toledo • 081 4207347 • www.erbolario.com • Lun.-sam. 10h-20h, dim. 10h-14h et 16h-20h.

Amina Rubinacci

Mode femme 45 Plan C5

La réputation de celle que l'on surnomme à Paris la « reine de la maille » n'est plus à faire. Son pull-over *a ostrica,* à côtes avec un col châle qui croise sur le devant, l'a rendue célèbre dans le monde entier. Vous ne le trouverez plus dans sa boutique, mais aurez un grand choix d'autres pulls en laine et en coton (250-300 €). Vous y découvrirez également de beaux manteaux longs en maille et de nombreuses vestes en laine (500 €). La fille d'Amina, Federica, a créé une ligne enfant de 3 à 16 ans qui privilégie davantage le Stretch.

Via dei Mille, 16 • M° Piazza Amedeo • 081 413048 • www.aminarubinacci.it • Lun.-ven. 9h-18h.

Blow up

Mode femme 46 Plan C4

Cette boutique propose des créations signées Fabrizio Bacarelli, toutes fabriquées dans la région : des vestes, des robes très courtes (75 €), des pantalons très amples (75-85 €), tous inspirés par les années 1960 et 1970 et par les motifs psychédéliques, mais le style, lui, n'a rien de baba cool.

Vico Belledonne a Chiaia, 17 • M° Piazza Amedeo • 081 8438366 • T.l.j. 10h-14h15 et 15h30-20h.

BluNauta

Mode femme 47 Plan C4

Impossible de passer devant cette enseigne sans y faire une halte ! Ses vitrines sont une invitation à elles seules et un vrai plaisir pour les yeux. Cette marque phare de la mode italienne, dont les trois boutiques sont à Naples, a la faveur des élégantes italiennes. Elle propose des créations de qualité à prix accessibles : blousons, pulls ou débardeurs (49-69 €), manteaux (199 €). Les matières ? Un festival d'étoffes nobles : soie, cachemire, coton de haute qualité, pour des modèles romantiques et chic qui se déploient dans de beaux imprimés et des couleurs vives.

Via Carducci, 28 • M° Piazza Amedeo • 081 405210 • Lun.-sam. 10h-13h30 et 16h30-20h.

Jossa

Mode homme 48 Plan C5

Pour tous les hommes qui aiment s'habiller chic et branché à la fois, ce magasin est une véritable mine d'idées. Sous un superbe plafond orné d'une peinture d'époque, ils essaieront des modèles d'Alberto Aspesi, de Philippe Tressi... Le fin du fin du prêt-à-porter masculin qui conjugue hardiesse et sobriété des lignes. Les plus jeunes choisiront des chemises Jossa (140 €).

Via Carlo Poerio, 43 • M° Piazza Amedeo • ☎ 081 7649835 • www.jossa.it • Lun.-ven. 10h-13h30 et 16h30-20h, sam. 10h-14h et 16h30-20h30.

Ombelico

Mode femme 49 Plan C4

L'une des meilleures adresses pour une mode chic et raffinée. Vous trouverez notamment des robes et tenues de soirée, pour un apéro branché ou une soirée de gala. À partir de 159 € la robe, accessoires autour de 75 €.

Vico Belledonne a Chiaia, 14 • M° Piazza Amedeo • T.l.j. 10h-13h30 et 16h30-20h.

Studio Rog

Maroquinerie 50 Plan C4

Des sacs aux lignes simples qui mettent en valeur la beauté du cuir. La besace en peau souple dont la forme s'inspire d'un mouchoir plié (290 € celles en cuir martelé) a fait le succès de la maison. Le sac Maya, entièrement personnalisable, est devenu la star du magasin (130 €). Giulio et Rosanna Pane proposent également des vêtements d'excellente qualité. Les marques choisies (Aspesi, Massimo Rebecchi, Fabiana Filippi, Piazza Sempione, Strenesse et Roberto Collina) offrent des modèles simples, classiques et sportifs pour presque toutes les bourses (tailleurs 300-800 €).

Via Carducci, 38 • M° Piazza Amedeo • ☎ 081 417427 • www.studiorog.it • Lun.-sam. 10h-13h30 et 16h30-20h.

Jossa

MERGELLINA ET LE POSILLIPO

10

Le petit port de Mergellina, avec ses chalets et ses vendeurs ambulants, est un rendez-vous dominical incontournable pour les Napolitains. À quelques pas des barques colorées commence le Posillipo, long promontoire rocheux s'élevant au-dessus de la mer, connu pour ses incroyables villas et ses vues sur le Vésuve à couper le souffle. Le *Pausilypon* était pour les Grecs le « lieu où finissent les chagrins ». Malgré les constructions qui ont défiguré ses sommets, le Posillipo a conservé son charme millénaire.

Mergellina

1 Chiesa Santa Maria di Piedigrotta✦

Édifiée à l'emplacement d'une chapelle de pêcheurs au XIIIe s., l'église fut consacrée en 1353 sous le règne des Angevins. Elle est à l'origine de la très célèbre fête de Piedigrotta, célébrée chaque année le 8 septembre, jour de la nativité de Marie. Une superbe statue en bois représentant la Madone à l'Enfant orne le maître-autel. Sur la voûte, de belles fresques de Gaetano Gigante illustrent l'histoire de Jésus et de Marie entourés de figures allégoriques.

Piazza Piedigrotta • 081 669761 • Lun.-sam. 7h30-12h et 17h-20h (messe à 19h); dim. : 7h30-12h et 17h30-20h.

2 Parco Vergiliano✦✦

Censé abriter la tombe de Virgile (d'où son nom), le parc n'est en réalité qu'un columbarium anonyme d'époque romaine. Il héberge néanmoins la tombe du célèbre poète Giacomo Leopardi.

L'âme de Virgile est malgré tout bien présente, car il aurait, selon la légende, creusé d'un seul geste la grotte qui s'ouvre en haut du parc. Cette percée de plus de 700 m, destinée à relier Naples aux champs Phlégréens, date en effet du Ier s. av. J.-C. À l'entrée du tunnel (aujourd'hui fermé) on peut encore apercevoir les traces de nombreuses épigraphes et de fresques d'époque médiévale. Attention, la montée jusqu'au parc est très rude !

Derrière l'église de Piedigrotta. Montez la Salita della Grotta pour y accéder (nº 20) • ☎ 081 669390 • Mer.-lun. 9h-14h • Accès libre • F. temporairement.

3 Les chalets de Mergellina✦

En face des vendeurs de *taralli caldi* (petites couronnes tressées préparées avec de l'eau, de la farine, de la graisse de porc, des amandes et du poivre), le long du port, se trouvent les chalets de Mergellina. Comme leur nom ne l'indique pas, ce sont de petits kiosques de marchands de glaces. Ces établissements marquent la halte rituelle de la promenade du dimanche après-midi. On y vient pour déguster de délicieuses glaces faites maison, des *frullati* (milk-shakes) à base de fruits exotiques (5,50 €) et des salades aux fruits de saison. Le **chalet Ciro a Mergellina** est l'un des plus connus et des plus appréciés (p. 132).

4 Bagno Elena✦

C'est l'endroit le plus accessible pour se baigner en ville. Situé dans une jolie petite baie, au début de la via Posillipo, cet établissement balnéaire met à votre disposition toutes les commodités pour passer un agréable moment. Panorama de choix avec, d'un côté, le Vésuve, de l'autre, le Palazzo Donn'Anna et, en face, l'île de Capri. Possibilité de louer un parasol, une chaise longue et pourquoi pas un lit de plage !

Via Posillipo, 14 • ☎ 081 5755058 • www.bagnoelena.it • Avr.-nov. t.l.j. 8h-17h30 • Entrée : 10-15 € avec un transat ; 10 € le parasol.

Pause pizza : 50 Kalò di Ciro Salvo

Décor contemporain et lignes épurées pour cette pizzeria new-look signée Ciro Salvo, l'un des maîtres incontestés de la pizza napolitaine. Sa recette ? Une pizza légère et facile à digérer qui utilise les meilleurs produits de Campanie : *fior di latte* des monts Lattari, *mozzarella di bufala*, anchois de Cetara, câpres de l'île de Salina (archipel des Éoliennes) et, bien sûr, des tomates de San Marzano. Bref, que des produits AOC pour l'une des meilleures *pizze* de Naples !

75 **Plan B5** • ***Piazza Sannazzaro, 201/C • ☎ 081 19204667 • www.50kalo.it • T.l.j. 12h30-0h30 • Margherita : 6,50 €.***

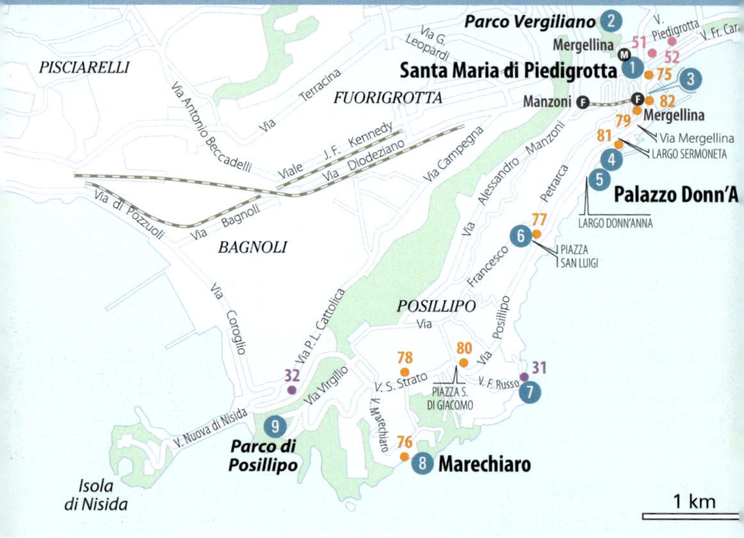

Palazzo Donn'Anna✦✦

Le palais doit son nom à Donn'Anna Carafa della Stadera. La construction, commencée en 1637, après le mariage de Donn'Anna, ne fut jamais terminée. Abandonné, saccagé, remanié, les fenêtres hautes et larges, sans vitres, lui ont donné cette silhouette de palais hanté. Théâtre de nombreuses légendes, témoin muet d'amours interdites et de morts atroces, c'est l'un des lieux cultes de la ville.

Largo Donn'Anna, 9.

Via Posillipo et Piazza San Luigi✦

Le long de la via Posillipo, vous pourrez jouir des plus belles vues sur le golfe de Naples, le Vésuve, Capri et le Capo Posillipo. La piazza San Luigi, en forme d'amphithéâtre, vous permettra de vous arrêter facilement, en voiture comme en bus. Les autorités napolitaines avaient ordonné son aménagement dans le but de limiter les embouteillages : les automobilistes, fascinés par la vue sur le golfe, s'arrêtaient en plein milieu de la route ! C'est ici que le mythique glacier Bilancione s'est installé (p. 130).

7 Capo Posillipo✦✦

Après la vaste piazza Salvatore Di Giacomo, on descend par la via Ferdinando Russo qui serpente jusqu'au bord de mer. Tout en bas, sur une pointe du Capo Posillipo, un petit port au charme fou vous attend. Bordé par les tours rondes de la **Villa Volpicelli,** un bar a aménagé sa jolie terrasse sur la cale (Bardelmare, p. 132). On se baigne en s'élançant des rochers et on profite d'une vue sublime.

8 Marechiaro✦✦

Marechiaro, là où « la mer est calme », est une étape incontournable du Posillipo. Fréquenté dès les années 1960 par le gratin mondain et les stars de Hollywood, ce petit port romantique abrite de superbes

Pause au bord de l'eau : Hostaria La Vela

Au bord de l'eau, un restaurant au décor kitsch : objets de corail, maquettes de bateau, gouvernail. Une terrasse couverte et une autre, sous le soleil, qui surplombe une crique peuplée de barques de pêcheurs. Sur des tables aux nappes bleu et blanc, on déguste friture du golfe, pâtes au poisson ou salade de poulpe, toutes savoureuses.

76 Calata Ponticello a Marechiaro, 37 • 081 5751095 • T.l.j. 8h30-15h et 19h-minuit • Entrées : à partir de 10 €; plats : 10-18 €.

villas, quantité de restaurants de poisson et quelques établissements balnéaires. Les dimanches d'été, la foule y est dense ! L'endroit est célèbre grâce à une chanson, *A Marechiaro*, qui appartient au répertoire classique napolitain : elle raconte l'histoire de Caroline, une jeune fille se penchant à sa fenêtre pour écouter son amant venu lui chanter une sérénade.

9 Parco di Posillipo✦✦

Dominant, du haut de son promontoire, les golfes de Naples et de Pozzuoli, ce parc, appelé aussi « Parco Virgiliano », se révèle être un endroit idéal pour une promenade familiale au coucher du soleil. À l'horizon se découpent les silhouettes de Capri, Ischia et Procida.

Viale Virgiliano • T.l.j. 1er mai-20 juin 7h-minuit; 21 juin-30 sept. 7h-1h; oct.-avr. 7h-21h.

Restos | Bars | Hôtels | Shopping | Activités

Restos Bistrots

Bilancione

Glacier 77 Plan p. 128

Pour de nombreux Napolitains, ce glacier réputé constitue un arrêt obligatoire sur la route du Posillipo. Depuis 1977, les frères Bilancione proposent des glaces artisanales ultra-gourmandes et très variées : mention spéciale pour celle au citron de Sorrento, qui sublime cet agrume hors norme. Parmi les dizaines de parfums, les versions noisette (qui a reçu le prix « Cono d'Oro ») ou pistache-amande ont également leurs adeptes. Cerise sur la glace, on déguste ces merveilles sur le belvédère juste en face, avec vue sur Capri, le Capo Posillipo et le Vésuve. Quel bonheur !

Via Posillipo, 238 • M° Mergellina • ☎081 7691923 • www.gelateriabilancioneposillipo.it • Mar.-sam. 10h-23h.

Rosiello

Napolitain 78 Plan p. 128

Dans ce restaurant, les recettes se transmettent de génération en génération. Le panorama marie harmonieusement Vésuve et Méditerranée. Ne manquez pas l'occasion de goûter, côté terre, la soupe de courgettes et de fleurs de courgette et, côté mer, les *linguine con cicala di mare* (cigales de mer), devenues rarissimes, – ce plat dépend d'ailleurs de la pêche du jour. Attention, sachez que le poisson, pour certains plats, est facturé au kilo : faites-vous bien préciser le prix lors de votre commande afin de ne pas avoir de surprise au moment de l'addition. L'endroit est aussi réputé pour sa pâtisserie classique *(babà e pastiera)* et pour ses tartes faites avec de la confiture maison.

Via S. Strato, 10 • M° Mergellina, puis bus n° 140, dir. Capo Posillipo • ☎ 081 7691288 • www.ristoranterosiello.it • Jeu.-mar. 12h45-16h et 19h30-minuit • À la carte : 50 €.

Ciro a Mergellina

Napolitain 79 Plan p. 128

Ciro est l'une des références de la cuisine napolitaine : excellents antipasti, fruits de mer, poissons et pizzas renommées. Il jouit d'une belle véranda d'où l'on peut voir et être vu ! L'envers de la médaille, c'est qu'il est bondé et, de ce fait, assez bruyant.

Via Mergellina, 21 • Funiculaire de Mergellina • ☎ 081 681780 • www.ciroamergellina.it • Mar.-dim. 13h-16h et 20h-minuit • À partir de 45 €.

Al Poeta

Poisson 80 Plan p. 128

Vous trouverez ici le poisson dans tous ses plus délicieux états – grillé, à l'*acqua pazza* (eau folle), à la tomate – et le vin sous toutes ses étiquettes, plus de 300 au total – autrement dit, l'une des meilleures caves de Naples. Le trio de chefs, tous napolitains, attire la clientèle avec une cuisine pleine de fantaisie, en particulier pour les *primi* : *spaghetti con cicinielli* (vairons) vivement conseillés.

Il Miracolo dei Pesci

Piazza Salvatore di Giacomo, 135 • M° Mergellina, puis bus n° 140, dir. Capo Posillipo • ☎ 081 5756936 • Lun. 19h30-23h30, mar.-dim. 13h-15h30 et 19h30-23h30 • À la carte : 40-50 €.

Il Miracolo dei Pesci

Poisson 81 Plan p. 128

Ce restaurant de poisson et de fruits de mer fait partie de ces adresses napolitaines qui ne paient pas de mine et qui pourtant, chaque jour, sont prises d'assaut. Et il y a une bonne raison à cela. Oubliez le décor, aussi chaleureux que celui d'une poissonnerie… Le miracle est dans l'assiette concoctée par le souriant Claudio : *paccheri con gamberetti di mare* (pâtes aux coques, moules et palourdes : 16 €), risotto de la mer aux coques et petits poulpes, filet de bar à la *provola* (15 €). Tout est succulent !

Largo Sermoneta, 17 • Bus n° 140, arrêt Largo Sermoneta • ☎081 7690778 • T.l.j. 13h-15h et 20h-minuit • Résa très conseillée • Plats : 15-25 €.

Chalet Ciro

Glacier 82 Plan B5

Vous rêvez de déguster une glace exceptionnelle sur un petit port de plaisance, avec une vue imprenable sur la baie de Naples et le Vésuve ? Alors rendez-vous à Mergellina chez celui que les Napolitains ont « sacré roi de la glace » : Chalet Ciro. Ici, on cultive la simplicité pour aller à l'essentiel : une vingtaine de parfums classiques (noisette, chocolat, *bacio*, etc.) à déguster en cornet (1,30 €) ou à table, à l'ombre d'un bouquet de palmiers géants.

Via Mergellina, 31 • Funiculaire de Mergellina • ☎081 669928 • www.chaletciro.it • T.l.j. 6h45-2h30.

Marechiaro

Bars, clubs Sorties

Bardelmare

Au bord de l'eau 31 Plan p. 128

Il faut descendre jusqu'à une petite crique cachée du Capo Posillipo pour découvrir cette terrasse posée sur l'eau. Des verres servis bien glacés pour se désaltérer après la baignade et quelques plats simples pour tenir toute la soirée. Le week-end, l'ambiance ne retombe que très tard dans la nuit.

Via Ferdinando Russo, 18 • M° Mergellina, puis bus n° 140, • ☎081 7692241 • T.l.j. 9h-minuit (jusqu'à 3h le w.-e.) • Antipasto del mare : 15 €; plats : 7-15 €.

Virgilio Club

Club 32 Plan p. 128

L'endroit idéal pour passer une nuit « au frais » : ce club privé dispose d'une piste de danse sous les étoiles et de plusieurs terrasses. Immergé dans la végétation du parc Virgiliano sur les hauteurs de Posillipo, l'espace est assez grand pour héberger une discothèque et un piano-bar.

Via T. Lucrezio Caro, 6, zone Posillipo 2 • Bus n° 140 • 081 0513255 • Résa obligatoire.

Hôtels B&B

Best Western Paradiso

Hôtel

Accroché à la colline de Posillipo, cet hôtel charmant offre un panorama à couper le souffle. À l'écart de la Naples turbulente, il reste accessible grâce au funiculaire.

Via Catullo, 11 (HP par A5, quartier 10) • Funiculaire Mergellina • 081 2475111 • www.hotelparadisonapoli.it • De 120 à 150 €.

Ausonia

B&B

Une atmosphère marine et tranquille, idéale pour les amoureux du grand large. Tentez d'obtenir une vue sur la mer.

Via F. Caracciolo, 11 (Plan B5, quartier 10) • M° Mergellina • 081 682278 • www.hotelausonianapoli.it • De 75 à 105 €.

Shopping Cadeaux

Anna Matuozzo

Mode homme 51 Plan B5

L'atelier d'Anna est le temple des esthètes de la chemise. Toutes sont faites main : des chefs-d'œuvre garantis à vie ! Oubliées, la sensation de rigidité du col et la gêne aux emmanchures que procurent les modèles fabriqués en série. C'est la Rolls-Royce de la chemise : munissez-vous de vos mesures (un seul essayage) et laissez votre adresse pour l'expédition.

Viale Gramsci, 26 • M° Mergellina • 081 663874 • www.annamatuozzo.com • Lun.-sam. 9h30-18h30 • Prenez r.-v. quelques j. avant.

Mirlinum

Déco 52 Plan B5

Consacrée aux articles de cuisine et à la décoration d'intérieur (bougeoirs, objets en fer forgé, cadres anciens), cette boutique se décline dans les tons de blanc, de beige et de rose. On sent là la patte féminine de sa propriétaire, qui, forte de son succès au n° 129, de l'autre côté de la rue, a ouvert ici sa seconde enseigne. Prix raisonnables. Elle s'occupe aussi des listes de mariage.

Via Giordano Bruno, 154 • M° Mergellina • 081 7613900 et 389 1657075 • Lun.-sam. 10h-20h, dim. 10h-13h30 et 17h-20h.

POZZUOLI ET LES CHAMPS PHLÉGRÉENS

11

Cratères fumants ou assoupis, lacs volcaniques, ruines antiques, cités de caractère et plages aux eaux cristallines s'imbriquent comme par magie autour du golfe de Pozzuoli. Zone « ardente » connue depuis l'Antiquité pour ses bienfaits, mais aussi ses dangers, les champs Phlégréens ont été façonnés par une activité sismique intense. À 30 minutes de Naples, voici une excursion passionnante et unique.

Comment y aller ? Voir carnet pratique p. 202

Cap Pozzuoli

1 Pozzuoli✦✦✦

À la fin du IIe s. av. J.-C., Puteoli était l'un des ports les plus florissants de la Rome antique. Ville cosmopolite peuplée de plus de 50 000 habitants, elle accueillait les cargaisons en provenance de toute la Méditerranée et à destination de Rome : vestiges de cette glorieuse époque, le gigantesque amphithéâtre et le temple de Sérapis. Victime du bradyséisme (remontée ou baisse lente du niveau du sol, d'origine volcanique), il fallut attendre les Aragonais pour que la cité se relève. Aujourd'hui, Pozzuoli est une agréable extension maritime de Naples.

Office de tourisme de Pozzuoli : largo Matteotti, 1 • Accès par la ligne 2 du métro (Pozzuoli) ou par la Cumana (Pozzuoli, départ depuis Montesanto) • ✆ 081 5261481 • www.infocampiflegrei.it • Entrée : 4 € (billet combiné 8 € avec parc archéologique de Cuma, amphithéâtre et temple de Sérapis de Pozzuoli, musée des Champs Phlégréens de Bacoli, valable 2 j.).

Anfiteatro Flavio et Tempio di Serapide

Au centre de Pozzuoli, comment rater le monumental **amphithéâtre Flavien,** qui date du Ier s., et est le plus vaste d'Italie après le Colisée et celui de Capoue ? Les parties les mieux conservées sont les souterrains, où attendaient les bêtes en cage et les gladiateurs avant les combats. C'est dans l'arène de cet édifice que San Gennaro, le patron de Naples, fut jeté aux fauves en 305 avant d'être décapité à la Solfatara. En redescendant vers le port, on découvre le **temple de Sérapis,** qui était en réalité l'ancien marché romain (piazza Serapide).

Via Carmine • ☎ 081 5266007 • Hiver : 9h-16h, été : 9h-18h (horaires variables, à vérifier par tél.) • Entrée : 4 € (billet combiné avec parc archéologique de Cuma, thermes de Baia, musée des Champs Phlégréens de Bacoli, valable 2 j.).

Amphitéâtre Flavien

Rione Terra

Évacué définitivement en 1971 à cause du bradyséisme, le quartier aragonais de Rione Terra est établi sur un promontoire de tuf dominant la ville, face à la mer. De vastes travaux de restauration permettent désormais de visiter ses rues colorées et de découvrir les incroyables richesses de son sous-sol, où des vestiges antiques ont été dégagés. Un **parcours archéologique** fait revivre la Puteoli des origines grâce à un

Pause glace : Sottozero Gelateria della Signora

Ce petit glacier installé sur la place centrale de Pozzuoli saura vous faire fondre de plaisir avec ses glaces artisanales crémeuses et délicates. Large choix de parfums, qui permet de satisfaire tous les amateurs : on vous recommande la pistache (de Bronte), le citron (de Sorrento), mais aussi la glace à la *cassata* ou la figues-noix. La patronne, originaire d'Émilie-Romagne, a largement converti les locaux à son style.

83 Plan B5 • *Piazza della Repubblica, 64, Pozzuoli • ☎ 081 19507132 • T.l.j. 10h-minuit (1h ven.-sam.).*

ingénieux dispositif multimédia, animant les échoppes et tavernes du cardo romain. En sortant, ne manquez pas de découvrir la **cathédrale incendiée**, qui se révéla être construite par-dessus le temple d'Auguste. Les gigantesques colonnes antiques, désormais bien visibles, tranchent avec les décorations baroques du chœur et d'une chapelle rescapée des flammes.

Accès par la rampe de la via Duomo • ☎081 19936286 • Accès libre au quartier et à la cathédrale (sam.-dim. 9h30-13h30 et 15h30-18h30) • Visites guidées pour le parcours archéologique (plusieurs langues) : sam., dim. et j. fériés 9h-16h30 : 5 € • Résa obligatoire.

② La Solfatara✦✦

La Solfatara est un cratère de 700 m de diamètre, né d'une explosion datant de 4 000 ans. Il doit à de nombreux phénomènes volcaniques son atmosphère des plus étranges : couleurs venues d'une autre planète, odeur tenace

Pour une pause authentique : Sciardac

À première vue, l'endroit tient plus d'une épicerie au comptoir débordant de victuailles que d'un restaurant. Et ce n'est ni l'une ni l'autre, mais un peu entre les deux: ici, on mange aussi bien un *panino* géant qu'un plat ou un dessert. Et si les produits vous plaisent, vous pouvez acheter à emporter tomates séchées, charcuteries, vins ou miel. Un mot d'ordre, l'abondance, et une exigence, la grande qualité des produits locaux. Parfait pour aller croquer un *panino friarielli e salsiccia*, un grand classique, après une visite au château.

84 ***Via Roma, 156, Bacoli • ☎333 4730081 (mob.) • Ven.-mer. 8h-20h • Sandwichs à partir de 3,50 €.***

de soufre, gaz qui remonte en surface sous forme de fumerolles, etc. Une marmite en ébullition qui se révèle parfois dangereuse. Suite à un accident tragique en 2017, le site est actuellement fermé pour être sécurisé.

Via Solfatara, 161 • ☏ 081 5262341 • F. au public, la date de réouverture n'est pas encore connue.

3 Oasi Naturalistica di Monte Nuovo✦

Le Monte Nuovo, le plus jeune volcan d'Europe, s'est formé au cours de l'éruption de 1538. Peu élevée (140 m), cette zone protégée est un agréable lieu de promenade. Trois itinéraires (durée 1h, 2h ou 3h) permettent de découvrir l'originalité géologique et botanique du lieu. La vue sur le golfe de Pozzuoli est magnifique.

Via Virgilio, Arco Felice • ☏ 081 8041462 • T.l.j. 7h-17h (18h en hiver) • Accès libre (contactez le Centro Studi dell'Oasi pour les visites guidées).

4 Baia✦✦

Face à Pozzuoli, de l'autre côté de la baie, Baia est aujourd'hui un petit port tranquille. Il n'en a pas toujours été ainsi, « Baïes » étant dans l'Antiquité un centre thermal et balnéaire fréquenté par les personnages les plus importants de Rome. Cicéron l'a décrite comme un lieu de plaisirs et de fêtes, tout comme Ovide dans ses *Amours*. On tente d'imaginer cette époque en visitant le vaste parc archéologique. Baia possède également quelques jolies plages et une forteresse aragonaise abritant un intéressant musée archéologique.

La Solfatara

Parco archeologico delle terme di Baia

Le parc archéologique des thermes romains de Baïes réserve de belles surprises au visiteur, qui découvrira un vaste complexe composé de thermes et de villas nobiliaires, aménagé en terrasses. Les « temples » (Diane, Vénus, Mercure) sont en fait d'anciens complexes thermaux. En bas du site, vous pourrez découvrir l'atmosphère magique du temple de Mercure. En réalité, une grande partie des vestiges ont été engloutis par la mer vers l'an 300. Plusieurs centres de plongée proposent plongée et snorkeling dans les ruines : une expérience unique ! (p. 8)

Via Sella di Baia, 22, Bacoli • Accès : Ligne Cumana arrêt Fusaro, puis bus ou marche de 15 min • Mar.-dim. 9h jusqu'à 1h avant le coucher du soleil • Entrée : 4 € (billet combiné 8 € avec parc archéologique de Cuma, amphithéâtre et temple de Sérapis de Pozzuoli, musée des Champs Phlégréens de Bacoli, valable 2 j.).

Castello et Museo Archeologico dei Campi Flegrei

Construite sur un promontoire tombant à pic dans la mer, cette forteresse aragonaise, commencée en 1495, abrite depuis quelques années le **Musée archéologique** des champs Phlégréens. Le complexe destiné au culte de l'empereur, qui vient du forum de Misène en partie recouvert par la mer, a été reconstitué dans l'une des tours.

Forteresse et musée des Champs Phlégréens • Via Castello, 39, Baia • www.patleg.it • Mar.-dim. 9h-13h (dern. entrée) • 4 € (billet combiné 8 € avec parc archéologique de Cuma, thermes de Baia, amphithéâtre et temple de Sérapis de Pozzuoli, valable 2 j.).

5 Casina Vanvitelliana✦✦

Raffinée et longtemps oubliée, cette « petite maison », *la casina* en italien, dessinée par Vanvitelli en 1782, a été restaurée en 1991. Son reflet dans le lac Fusaro ajoute encore au romantisme du lieu qui abrita les amours de Fernand IV de

Champs Phlégréens

Casina Vanvitelliana

Bourbon et de sa seconde épouse morganatique, Lucia Migliaccio, duchesse de Floridia. La Casina inspira-t-elle aussi Mozart et Rossini, qui y séjournèrent ?

Via Carlo Vanvitelli, lac Fusaro
Casina : *sam.-dim. et j. fériés été 10h-20h, hiver 10h-18h ; billetterie f. 30 min avant • Entrée : 3 €*
Parc : *t.l.j. de 9h jusqu'à 1h avant le coucher du soleil • Entrée libre.*

6 Parco archeologico di Cuma+++

Parc archéologique de Cumes

Cumes est la plus ancienne colonie grecque d'Occident. Parmi les richesses du site, pas encore entièrement dévoilées, l'antre de la Sibylle au pied de l'acropole est le lieu le plus envoûtant. De forme trapézoïdale, cette galerie longue de 130 m capte d'étranges jeux de lumière. D'après la légende, ce serait le lieu où la célèbre Sibylle, qui rendait les oracles, dévoila son destin à Énée. En fait, il s'agirait moins poétiquement d'un ouvrage militaire…

Via Monte di Cuma, 3, Pozzuoli • ☎ 081 8543060 • T.l.j. 9h-14h45, toutes les deux sem. on ajoute 15 min à l'horaire de fermeture • Entrée : 4 € (billet combiné 8 € avec parc archéologique de Cuma, thermes de Baia, amphithéâtre et temple de Sérapis de Pozzuoli, musée des Champs Phlégréens de Bacoli, valable 2 j.).

Restos Bistrots

Il Faro… a Ninella

Osteria 85 Plan p. 136

Dans une petite ruelle en retrait du port, voici une coquette *osteria* familiale qui joue la carte de la fraîcheur. En cuisine, Assunta, la *mamma,* travaille volontiers les poissons et fruits de mer locaux : *antipasti di mare, pasta alle vongole*, risotto aux calamars et citron, etc. Mais certaines recettes familiales plus rustiques sont également de la partie, comme la *pasta e ceci* (pâtes aux pois chiches). En salle et en terrasse, c'est Salvatore, le fils, qui sert les convives avec efficacité et gentillesse. Une adresse séduisante !

Via G. B. Vecchione, 6, Pozzuoli • M° Pozzuoli • ☎ 331 7900939 (mob.) • Mer.-lun. 11h30-15h et 19h-23h (f. dim. soir) • Antipasti : 25 €; primi : 8-12 €; secondi : 10-15 €.

Bars, clubs Sorties

Groove

Bar à vins 33 Plan p. 136

Bienvenue chez Groove, un bar à vins qui a le sens du rythme ! On adore y prendre l'*aperitivo* (beau buffet de produits locaux), en terrasse ou au comptoir, et déguster quelques verres de vins de la région. L'équipe, adorable, a le sens de l'accueil : n'hésitez pas à lui demander conseil. De bons concerts jazz sont organisés, prenant place dans la salle du fond (sauf l'été, où l'on se consacre au Pozzuoli Jazz Festival, p. 211).

Via Maria Puteolana, 12 • M° Pozzuoli • ☎ 339 6487063 (mob.) • T.l.j. 19h-2h.

LES MEILLEURS BARS À VINS

Les vignobles de Campanie produisent un grand nombre de vins, qui ont chacun leur caractère. Découvrez leurs différences dans les *enoteche* et les bars à vins de la ville et du golfe.

Vignoble à Ischia

Red Wine

À deux pas de l'église du Gesù, le Red Wine est un bar à vins festif et jeune, à la sélection pointue et réjouissante.

Voir p. 50, quartier 3.

Groove

Vin ou concert, il ne faut pas choisir ! Chez Groove, on aime les deux, et on en profite dans une ambiance locale et très chaleureuse.

Voir p. 140, visite 11.

Enoteca Belledonne

Envie de connaître tous les secrets des vins de Campanie ? L'Enoteca Belledonne possède l'une des plus belles caves de Naples.

Voir p. 120, quartier 9.

Babel Wine Bar Deli & Art

Un bar à vins artistique, au cœur de Ravello. Céramiques et grands vins y font bon ménage, sur fond de musique douce.

Voir p. 189, visite 16.

POMPÉI ET HERCULANUM 12

Le 24 octobre 79, l'explosion du Vésuve détruit les villes de Pompéi et d'Herculanum. Pompéi disparaît sous un épais manteau de cendres et de lapilli, tandis qu'Herculanum est recouverte d'une coulée de lave et de boue, ce qui explique sa meilleure conservation. Oublieuses des colères du Vésuve, les villes nouvelles de Pompéi et d'Ercolano étendent aujourd'hui leurs tentacules sur les hauteurs du volcan.

Comment y aller? Voir carnet pratique p. 202

Apollon archer, temple d'Apollon à Pompéi

1 La cité antique ✦✦✦

Foro✦✦
Forum

Centre de la vie politique, religieuse, judiciaire et économique, le Forum est une vaste place de 38 m de large sur 142 m de long, où se trouvent les principaux édifices de la ville : le **Tempio di Apollo** et le **Tempio di Giove** (Jupiter) ; le **macellum**, grand marché couvert où l'on vendait viande, poisson et légumes frais ; et la **basilique**, sans doute le plus important édifice de Pompéi, siège du tribunal de la ville.

Casa del Fauno✦✦

Avec ses 3 000 m² et ses deux atriums et péristyles (de 28 et 44 colonnes !), la maison du Faune était la plus grande des maisons de Pompéi, conçue pour refléter la puissance de la famille. La statue en bronze du faune dansant, qui a donné son nom à la

Fresque à Pompéi

maison, est une copie, l'original, datant du IIe s. av. J.-C., est conservé au Musée archéologique de Naples (p. 58), tout comme l'extraordinaire mosaïque représentant la bataille d'Alexandre le Grand, située à l'origine dans le salon d'apparat (exèdre).

Vicolo del Fauno.

Casa dei Vettii

La Casa dei Vettii, propriété de riches marchands, mérite également le détour. Les fresques intérieures, en particulier celle du vestibule représentant Priape pesant son énorme phallus, sont dans un état de conservation exceptionnel.

Villa dei Misteri+++

La via delle Tombe, bordée de sépultures, conduit au-delà des murs de Pompéi à la villa des Mystères. Cette ancienne maison patricienne doit sa célébrité aux fresques qu'elle renferme. Les peintures, un cycle

Une ville à découvrir

Le site de Pompéi est immense : lors de votre visite, il faudra faire des choix. L'ancienne cité est découpée en *regio*, numérotés de un à neuf. Les édifices monumentaux se situent dans les *regio* VII et VIII, et certaines zones, comme le *regio* V, sont encore en cours de fouille – vous y verrez les découvertes les plus récentes. Pour éviter de vous perdre, demandez un plan à l'entrée, ou réservez une visite guidée (avec un guide accrédité).

de 29 figures grandeur nature, représenteraient l'initiation d'une jeune mariée aux mystères de Dionysos, dieu de la Vigne, du Vin et du Délire extatique.

Via Villa dei Misteri.

Lupanare⁺⁺⁺

C'est la maison close la mieux conservée de Pompéi. Les chambrettes avec lit et traversin en maçonnerie étaient fermées par une porte en bois. La décoration, représentant des scènes érotiques, évoque sans détour les prestations offertes par les prostituées et les domestiques à la demande des clients.

Terme Stabiane

Pour vous faire une idée de ce qu'était la vie quotidienne à Pompéi, ne manquez pas les Terme Stabiane, sans doute les plus anciens thermes publics de la ville.

Casa di Octavius Quartio

Au IIe s. av. J.-C., la lumière tombée du toit de l'atrium dictait encore la distribution de toutes les pièces (la salle à manger ou *triclinium*, les chambres à coucher ou *cubicolae*) réparties autour de lui. Mais deux siècles plus tard, avec l'arrivée de la galerie à colonnade (péristyle), ouverte sur des jardins en terrasses, les espaces domestiques migrent vers la lumière. Ne manquez pas les fresques du grand *triclinium* inspirées des mythes d'Hercule et de la guerre de Troie.

Via dell'Abbondanza.

Anfiteatro⁺⁺⁺

Construit en 80 av. J.-C., l'amphithéâtre est considéré comme l'un des plus anciens édifices de ce type connus à ce jour. Pour la construction, on a adopté le système du déblaiement reporté : la terre sur laquelle reposent les gradins provient de l'arène. C'est pour cette raison que celle-ci se trouve en dessous du niveau de la place et qu'elle ne possède pas de souterrain.

Porta Marina, via Villa dei Misteri • ✆081 8575347 • www.pompeiisites.org • T.l.j. avr.-oct. 9h-19h30, nov.-mars 9h-17h; billetterie f. 1h30 avant • Entrée : 16 € avec Boscoreale et + 5 € pour Oplontis/1j.

2 La cité antique d'Herculanum⁺⁺⁺

Le site d'Herculanum, plus petit que celui de Pompéi, compte de nombreuses mosaïques dans un état de conservation stupéfiant. Recouvert d'une coulée de lave, la ville antique a été retrouvée par hasard sous la ville moderne en 1709, lors du percement d'un puits.

Fresque à Herculanum

Casa dell'Atrio a Mosaico⁺⁺

Maison de l'Atrium aux mosaïques

Elle tient son nom de l'atrium pavé d'une mosaïque en damier blanc et noir. Les irrégularités du sol sont dues au poids de la coulée de lave. La maison bénéficiait d'une belle vue sur la mer. De la terrasse, le mur de lave qui obstrue la vue permet de mieux se rendre compte de l'épaisseur de la coulée (jusqu'à 25 m).

Insula IV, Cardine IV.

Casa di Nettuno e Anfitrite⁺⁺

Cette élégante demeure à deux étages abrite un *triclinium* d'été et un sanctuaire dédié aux nymphes (nymphée), décoré de mosaïques polychromes représentant Neptune et Amphitrite (dieu et déesse de la Mer). La boutique d'à côté, celle d'un riche marchand de vin, est l'une des mieux conservées de l'Antiquité : boiseries, meubles, ustensiles, amphores à vin sont en parfait état.

Insula V, Cardine IV.

Casa a Graticcio✦✦✦

Maison à Claie

Elle doit son nom au treillage de bois qui forme le squelette des murs. Très bien conservée, cette modeste habitation comprend deux appartements indépendants. Certaines pièces étaient réservées à la location. C'est le seul exemple d'architecture populaire qui soit parvenu jusqu'à nous.

Insula III, Cardine IV.

Corso Resina, Ercolano • ☏ 081 8575347 • https://ercolano.beniculturali.it • T.l.j. avr.-oct. 9h30-19h30 (9h sam.-dim.); nov.-mars 8h30-17h (9h sam.-dim.); billetterie f. 1h30 avant • Plan d'Herculanum disponible sur www.campanie-campania.net • Entrée : 13 €.

3 Ercolano✦

Museo Archeologico Virtuale✦✦

Devant les ruines d'Herculanum, difficile de reconstituer l'image vivante d'une ville de 5 000 habitants connue pour la beauté de ses villas patriciennes et de ses jardins de sculptures. La solution ? L'excellent Musée archéologique virtuel (MAV), qui reconstitue le monde englouti des villes romaines du golfe de Naples. De l'interactif intelligent, à découvrir absolument !

Via IV Novembre, 44 • ☏ 081 7776843 • www.museomav.it • Mer.-dim. mars-mai 9h-17h30 ; juin-sept. 10h-18h30 ; oct.-fév. : 10h-16h • Entrée musée + vidéo de l'éruption : 10 €.

Resina

Si les vêtements d'occasion et les surplus militaires vous tentent, vous trouverez votre bonheur au marché aux puces de Resina. Il faut savoir fouiller pour découvrir des trésors au milieu d'étalages qui regorgent de vêtements de tous

Pause déjeuner à Ercolano : Luna Caprese✦

Avec ses nappes et ses fleurs en plastique sous un éclairage au néon, cette petite cantine du haut de la via IV Novembre ne paie pas vraiment de mine ; mais, à voir la foule qui s'y presse chaque midi, dévorant avec une délectation visible *pizze* (3,50-6 €), gnocchis, spaghettis aux coques (7 €) et lasagnes maison, on s'y installe pour se laisser prendre à son tour.

86 *Via IV Novembre, 68, Ercolano • ☏ 081 7771543 • Lun.-sam. 12h-15h et 18h-22h30.*

Montée sur le Vésuve

les styles et à tous les prix. Prenez le temps de jeter un coup d'œil au linge de maison, il y a souvent de très bonnes affaires à réaliser.

Via Pugliano • Tous les matins.

4 Azienda Agricola Fuocomuorto✦

En 1780 déjà, sur ces mêmes terres accrochées aux flancs du Vésuve, un certain Vincenzo Oliviero cultivait de la vigne pour élaborer le célèbre lacryma-christi. Quelque 230 ans plus tard, un autre Vincenzo Oliviero s'attache encore à cette noble tâche. Les amateurs de rouge opteront pour l'excellente cuvée rosso magma (8 €/bouteille), vieillie un an en barrique. Le lacryma bianco et le caprettone vesuvio (8 €) sont également délicieux.

Contrada Croce dei Monti, 22 • ☎081 7394655 ou ☎331 5226937 (mobile de Gennaro) • www.fuocomuorto.it

5 Parco Nazionale del Vesuvio✦✦

Équipé de bonnes chaussures, vous pourrez grimper sur le chemin caillouteux qui conduit au sommet du Vésuve, à 1281 m d'altitude. Par temps clair, le cratère est bien visible depuis le sentier qui en fait le tour, d'où l'on peut également admirer le golfe et la ville de Naples. Sur les flancs du volcan, une dizaine de sentiers conduisent à la découverte de la Vallée de l'Enfer (10 km) et du Fleuve de lave, dans des paysages aux couleurs volcaniques.

Pour rejoindre le cratère, voir le carnet pratique p. 202. ☎081 8653911 et ☎081 2395653 (visites) • T.l.j. 9h-15h (18h en été f. par mauvais temps) • Prévoyez environ 2h de marche • Entrée : 10 €.

LES COLÈRES DU VÉSUVE

Le Vésuve est l'emblème de la ville de Naples. Vous retrouverez sa silhouette familière dans toutes les représentations du golfe éponyme. Symbole à la fois de destruction et de fertilité, il est vénéré par les Napolitains, qui le parent de multiples légendes. Ses colères sont comparées à celles d'un dieu antique ou de quelque puissance infernale que l'on tente d'apaiser en invoquant San Gennaro (saint Janvier). Malgré le danger, les terres fertiles situées à proximité sont extrêmement convoitées...

Pas un volcan, mais deux !

C'est à l'intérieur du Monte Somma, le plus ancien cratère, que s'édifia, à partir du IIIe s. apr. J.-C., le Vésuve proprement dit. L'histoire du volcan est ponctuée de longs sommeils et de brusques réveils. De nombreuses éruptions, plus ou moins explosives, ont inlassablement remodelé son allure. Parmi les plus tragiques : celle de 79 apr. J.-C., qui ensevelit Pompéi et Herculanum, mais également celle de 1631, responsable de 4 000 morts, ou encore celle de 1906. Après son réveil, en 1944, le monstre semble s'être (momentanément ?) assoupi et le cratère ne fume plus comme sur les images d'autrefois. L'observatoire vésuvien, installé depuis 1845, surveille constamment son pouls et une éruption peut être prévue un mois à l'avance.

Une terre de feu

Fumerolles, émanations de gaz sulfureux dites ***« solfatare »***, sources chaudes aux multiples vertus ou secousses souvent imperceptibles rappellent que le sous-sol de la Campanie bouge sans cesse. Le dernier tremblement de terre, en 1980, a fait plus de 1 500 morts dans la région. Dans les champs Phlégréens, le sol se soulève et s'affaisse lentement : cette « respiration » s'appelle le bradyséisme.

Les larmes du Christ

D'après une légende locale, le Christ, parcourant le monde, arriva en Campanie et monta au sommet du Vésuve. Découvrant ce site splendide, il s'écria : « C'est un paradis terrestre, mais les habitants sont de vrais diables ! » Et, à cette pensée, il se mit à pleurer. Là où ses larmes baignèrent le sol, des femmes plantèrent de la vigne. Ces terres volcaniques ont donné naissance à l'un des meilleurs vins d'Italie, le lacryma-christi. Pour conserver son arôme, le blanc ne doit pas être bu trop frais (10 °C).

Des versants convoités

Depuis l'Antiquité, la proximité du volcan attire et fascine malgré le danger. Actuellement,

Le Vésuve *par Jean-Baptiste Genillion, deuxième moitié du XVIII*e *siècle*

700 000 personnes, soit plus de 3 000 habitants au km², vivent dans cette zone à haut risque. Richesse des terres, beauté des lieux, manque d'espace chronique, ou trop courte mémoire des hommes ? Des milliers de maisons furent construites abusivement après la dernière éruption. Le parc national du Vésuve, créé en 1995, a permis de délimiter une zone de 85 km² protégée de la pression immobilière, où faune (renard, épervier, faucon) et flore (dont de nombreuses espèces d'orchidées) des versants du volcan peuvent retrouver toute leur place. Populations locales et touristes se réapproprient cette vaste zone rurale, terre de folklore et de culture devenue aussi une destination prisée des randonneurs (p. 147).

La fin du funiculaire

La grande cicatrice blanche sur le flanc du volcan est l'empreinte du tracé de l'ancien funiculaire qui ferma après l'éruption de 1944, en dépit des tentatives successives pour le remettre en service. La fameuse chanson *Funiculì funiculà,* qui célébra son inauguration, en 1880, appartient désormais au répertoire classique napolitain. ■

POMPÉI AVANT LE DÉSASTRE

Le site, redécouvert en 1748, nous dévoile l'histoire de cette civilisation qui s'est endormie le 24 octobre 79. L'état de conservation de ce véritable musée à ciel ouvert est tel que le promeneur imagine aisément les orateurs en toge ou les cris des commerçants sur le marché… Bref, la vie quotidienne à Pompéi !

La *domus pompeiana*

Le type de demeure le plus fréquent à Pompéi juxtapose deux influences : italique d'une part, avec l'atrium, hellénistique d'autre part, avec le péristyle. L'**atrium** est une cour intérieure avec une ouverture dans le toit pour donner de la lumière et faire couler les eaux de pluie recueillies dans un bassin. Le maître de maison y reçoit les clients ou les personnages officiels. Le **péristyle** est un jardin d'agrément entouré de portiques, où sont aménagées chambres et salles de réception.

Un esprit sain…

Dans les familles de l'aristocratie, l'éducation des enfants est confiée à une nourrice ou à un pédagogue grec. En revanche, il existe pour les plus pauvres une école publique, qui se tient sous le portique du forum ou de la grande palestre. Mais l'obligation scolaire n'existant pas dans l'Antiquité, beaucoup de Pompéiens, ne sachant ni lire ni écrire, ont recours aux écrivains publics. Plus tard, le Pompéien continue de se cultiver en allant au grand théâtre ou à l'odéon, le petit théâtre couvert. Les pièces représentées sont des comédies ou des tragédies, mais il existe aussi des variantes, comme le mime ou l'atellane, farce populaire qui est un peu l'ancêtre de la *commedia dell'arte*.

… dans un corps sain

Le sport est très populaire et l'éducation physique tient une place importante dans la vie quotidienne des Romains. La **palestre** est un gymnase en plein air où les hommes s'exercent au lancer du disque, au saut avec haltères et à la lutte. Pour les Romains de l'époque, le sport n'est qu'un prétexte qui sert à préparer le corps afin de mieux apprécier le bain que l'on prend dans des établissements appelés « **thermes** ». Il en existe trois à Pompéi.

Les jeux du stade

Les Pompéiens adorent les jeux de l'amphithéâtre, où les combats de gladiateurs sont la principale attraction. Mais il s'y déroule aussi plusieurs combats d'hommes contre des fauves, ou de bêtes sauvages contre des bêtes domestiques.

Les dieux pompéiens

La religion est partout présente et la vie de tous les jours est rythmée par le culte des dieux. Il existe des centaines de divinités auxquelles les habitants de la ville rendent hommage. Les temples et les statues, très nombreux, montrent que les cultes romains (Jupiter, Junon, Minerve), égyptiens (Isis, Sérapis, Anubis) et ceux des protecteurs de la cité (Hercule, Bacchus, Vénus) cohabitaient sans problème.

Salve lucrum : vive le gain !

Cette phrase, trouvée sur un mur, montre que l'économie tenait une place importante. Ce port avait des liens avec le reste de la péninsule, la Numidie et même l'Asie, et son économie dynamique reposait sur la richesse du sol de la région. L'agriculture est l'activité la plus importante, les produits sont vendus dans des ***tabernae***. Ces boutiques, abritant boulangers, bijoutiers, cordonniers, quincailliers et autres marchands de vêtements et de vin, jalonnent la via dell'Abbondanza. ■

Pompéi

ISCHIA ET PROCIDA

13

Ischia, également appelée « l'île Verte » à cause de l'abondance de sa végétation, est la plus grande île du golfe. La variété de son relief et de son climat en fait un continent en miniature. Procida, plus petite, est une île simple et authentique. Moins touchée par le tourisme que sa grande sœur, elle est toujours attachée à ses traditions et vaut la traversée.

Comment y aller? Voir carnet pratique p. 200

Sant'Angelo, Ischia

Ischia

1 Castello Aragonese✦✦

L'histoire de l'îlot sur lequel se dresse la forteresse est un résumé de l'histoire mouvementée de l'île. La forteresse, construite en 474 av. J.-C., n'acquiert sa forme définitive qu'entre le XIVe et le XVIe s. L'enceinte fortifiée abrite une véritable citadelle constituée de monuments d'époques différentes : le couvent des clarisses et son cimetière, la cathédrale de l'Assunta, plusieurs églises et même une prison.

Ischia Ponte • Bus n° 7 au départ d'Ischia Porto • ✆ 081 992834 • www.castelloaragoneseischia.com • T.l.j. de 9h au coucher du soleil • Entrée : 12 €.

2 Les thermes de Poséidon✦✦

La nature volcanique de l'île en a fait le royaume des cures thermales. Dans un parc de 70 000 m², l'établissement des thermes de Poséidon compte 21 piscines à toutes les températures, des plus froides (15 °C) aux plus chaudes (40 °C), des hydromassages, un Jacuzzi et un sauna nature. Réservez sur place pour les massages.

Forio d'Ischia • Via Giovanni Mazella • 081 9087111 • www.giardiniposeidonterme.com • Avr.-oct. t.l.j. 9h-19h • Entrée 1 journée : basse saison 35 € (après-midi 30 €) haute saison 40 € (après-midi 35 €).

Piscine d'eau thermale

3 Le tour de l'île✦

Il est possible de faire le tour de l'île en bus. L'itinéraire est un enchantement. Ce circuit de 2h environ s'accomplit en deux étapes. Prenez le bus (CS) à Ischia Porto et descendez au terminus. Là, une route permet de rejoindre **Sant'Angelo.** Ce petit village de pêcheurs aux maisons de toutes les couleurs, situé à la pointe sud, est l'un des endroits les plus romantiques de l'île. Après vous être restauré et baigné, vous pourrez entreprendre la seconde partie du voyage, qui vous ramènera à votre point de départ.

Procida

4 Marina Grande✦

Depuis le ferry en provenance de Naples ou de Pozzuoli, on découvre avec bonheur le port

Pause sucrée : Calise

Ce bar-pâtisserie-glacier est le paradis des gourmands. Au milieu d'une oasis de plantes tropicales, on y trouve un choix impressionnant de gâteaux et de glaces. Ne manquez pas la *tortina bianca*, un gâteau à la crème nappé de chocolat blanc, ou la *torta al limone*, un gâteau fourré de crème de citron (2,70 € la part au comptoir). Vous y mangerez, également, de très bonnes glaces !

87 *Ischia Ponte • Via Sogliuzzo, 69 • 081 991270 • www.barcalise.com • T.l.j. 8h-23h.*

coloré de Marina Grande. En sautant du bateau, on se faufile derrière l'église jaune de Santa Maria della Pietà et on s'immerge dans l'ambiance indolente des ruelles qui partent à l'assaut de la colline. Pensez à faire des provisions, car on ne trouve pas grand-chose dans le reste de l'île, surtout hors saison.

5 Marina di Corricella✦✦✦

Étagée sur une falaise dominant un port aux eaux tranquilles, la marina de Corricella a tout du mirage, avec sa centaine de petites maisons aux couleurs flashy. Nombre de ses constructions à coupole étaient à l'origine des abris destinés à entreposer les bateaux durant l'hiver. Remaniés,

Pause pour l'aperitivo : Dal Cavaliere

Ce grand bar-pâtisserie est une étape incontournable sur les quais de Marina Grande, face aux murs jaunes de Santa Maria della Pietà. Sa terrasse est idéale pour faire une pause avant de prendre un *aperitivo* au soleil couchant. Bons cocktails, comme le *tramonto procidano*, un genre de spritz allongé de jus de mandarine locale… Goûtez la *lingua di Procida* (ou *di bue*), la pâtisserie locale : une pâte feuilletée fourrée de crème de citron. Concerts en été.

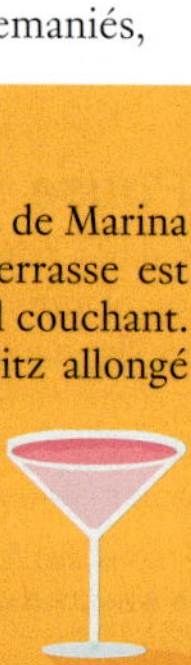

88 ***Via Roma, 42, Marina Grande, Procida • ☎ 081 8101074 • T.l.j. 6h30-1h • Cocktails : 6-10 €.***

Vue de Corricella

transformés et agrandis, ils sont devenus de petites habitations. Sur le quai au bord de l'eau, les terrasses jouent à touche-touche. Déjeuner chez Caracalè constitue un moment délicieux (p. 157), qui peut être prolongé par une baignade sur la plage de sable noir de **Chiaia**, à seulement 10 min de marche vers le sud.

6 Terra Murata et l'Abbazia di San Michele Arcangelo⁺⁺

Situé juste au-dessus de la marina de Corricella (vue extraordinaire), le bourg fortifié d'origine médiévale de Terra Murata domine l'ensemble de l'île de Procida. Ses ruelles étroites et sinueuses, à l'abri du soleil, conduisent à l'**abbaye de San Michele**, qui date du XIIIe s. Depuis la terrasse panoramique, vous profiterez d'un magnifique point de vue sur le golfe de Naples. Visitez également le fascinant Palazzo d'Avallos, construit en 1563 pour

L'Amie prodigieuse

Cette saga, phénomène littéraire en quatre volumes, brosse le portrait de deux femmes, et de toute une génération italienne. Nées dans un quartier défavorisé de Naples, elles vont connaître joies, trahisons et amour dans la ville de leur enfance, mais aussi à Ischia, lors d'un été qui transformera leur vie... Personne ne sait qui est vraiment Elena Ferrante, l'auteure de ce phénomène littéraire. Le mystère ajoute à son charme...

le cardinal du même nom, puis occupée par le roi Charles Ier de Bourbon, et enfin transformée en prison en 1830 avant d'être abandonnée dans les années 1970. Le travail de récupération et d'archivage de l'association, encore en cours, restituent au lieu son rôle de témoin fascinant de l'histoire de l'île

Sam. 10h-12h45, dim. 10h30-12h45 • Pour la visite (en français), contactez l'association Millenium : ☏334 8514028 (mob.).

7 Marina di Chiaiolella✦✦

Au sud-ouest de l'île, la marina di Chiaiolella prend des airs de petite station balnéaire. La rue principale est bordée de maisons villageoises et ponctuée de venelles transversales, qui mènent à une longue plage de sable clair. Bien exposée aux vents et donc agréable même en cas de canicule, elle jouit d'une superbe vue sur l'île d'Ischia. La partie la plus proche du petit port de plaisance est occupée par des établissements balnéaires, pendant que la partie plus au nord est restée incroyablement sauvage.

Restos | Bars | Hôtels | Shopping | Activités

Restos Bistrots

Dal Pescatore

Poisson 89 Plan p. 154

Avec sa grande terrasse ensoleillée sur le port de Sant'Angelo, prise d'assaut en saison, Dal Pescatore est l'une des meilleures adresses pour les fanas de poisson et de fruits de mer : ici, ils sont marinés (*antipasto pescatore* : 25 €), grillés ou frits (18-40 €), ou bien à la base de plats de pâtes typiques.

Piazzetta Sant'Angelo, 5, Ischia/Sant'Angelo • ☏081 999206 • Hiver : ven.-mer. 8h-19h; été : t.l.j. 8h-1h.

Da Ciccio

Glacier 90 Plan p. 154

C'est une petite *gelateria* tout à côté du port. En fin de journée vient l'heure des Vespa vibrionnantes menées d'une seule main, par des jeunes gens conquérants cachés derrière des lunettes noires, façon *Rocco et ses frères*. De l'autre main, comme un aveu de tendresse, ils goûtent des glaces généreuses (2 €) et finissent par montrer leurs yeux.

Piazza Antica Reggia, 5, Ischia Porto • ☏081 991314 • T.l.j. 7h-minuit (2h en été).

Al Pontile

Trattoria 91 Plan p. 154

Si vous voulez déjeuner au pied du Castello Aragonese, avec vue sur le Vésuve et la baie de Naples, cette terrasse est la meilleure option. La carte de cette trattoria familiale propose de grands classiques de la terre et de la mer très réussis. Les *paccheri con vongole, zucchine e pecorino* (*paccheri* aux palourdes et courgettes : 15 €) ou la *salsiccia con friarielli* (le délicieux brocoli-rave de Campanie : 8 €) sont assez inoubliables. Service très efficace.

Via Luigi Mazella, 15 Ischia Ponte • ☏ 081 19517657 • T.l.j. 12h-23h • Antipasti : 5-18 €; plats : 7-14 €.

Dolce è la Vita

Sur le pouce 92 Plan p. 154

Une bonne adresse pour un déjeuner léger ou une pause gourmande. On peut se contenter d'un *panino* (sandwich à 6 €) ou d'une salade (6-16 €), mais surtout s'y initier à la pâtisserie régionale, pas avare de spécialités : *cannolo alla ricotta*, baba au rhum à la chantilly et aux fraises des bois, *sfogliatelle* à la ricotta, *torta caprese*, etc. Salle climatisée et terrasse sur la mer.

Via Nazario Sauro, 10, Ischia/ Sant'Angelo • ☏ 081 999120 • www.pasticceriadolceelavita.it • T.l.j. 8h-20h • Pâtisseries : 3-5 €; glaces : 6 € (2 boules).

Dolce è La Vita

Mazziotti

Glacier 93 Plan p. 154

Voici une pause idéale dans les escaliers menant à la marina de Coricella ! Ce glacier réputé permet de se rafraîchir grâce à des glaces artisanales. Celles aux agrumes sont divines, mais ne dédaignez pas la simple *stracciatella*, qui fait preuve d'un fondant délicat. Également quelques pâtisseries typiques de l'île de Procida, comme la *lingua di bue* et de bons cafés. Deux autres adresses sur l'île, à Marina Grande (via Roma, 20) et à Marina Chiaiolella (via Giovanni da Procida, 93).

En haut de la Discesa Graziella, au coin avec via San Rocco, 41, Marina di Coricella, Procida • ☏ 081 8101853 • T.l.j. 7h30-2h.

Caracalè

Poisson 94 Plan p. 154

Vous rêvez d'un déjeuner les pieds dans l'eau sur l'un des

plus jolis ports d'Italie ? Foncez vous attabler chez Caracalè ! Sa terrasse est installée devant les barques de pêche, sur la magnifique marina de Corricella. Au menu, du poisson frais, débarqué directement du bateau chaque matin. Une valeur sûre !

Via Marina di Corriccella, 62, Marina di Corricella, Procida • ☎ 081 8969192 • Mer.-lun. 12h30-15h30 et 19h-23h (t.l.j. juil.-août) • Antipasti : 11-15 € ; primi : 13-18 € ; secondi : 13-16 €.

Roma

Pâtisserie 95 Plan p. 154

En débarquant à Procida, pour se remettre de la traversée ou pour prendre des forces avant d'explorer l'île, on fait escale ici pour goûter de délicieuses *lingue al limone*, la spécialité de l'île. Crémeuse et légèrement acidulée, cette pâtisserie en forme de langue a le parfum d'agrume des îles napolitaines.

Via Roma, 164, Procida • Mer.-lun. 6h30-minuit • ☎ 081 8967460 • À partir de 1 €.

Assafà

Spécialités locales 96

Un comptoir au coin d'une rue, un rayon de soleil qui met en lumière les produits derrière la vitre, ça suffit pour nous ouvrir l'appétit. La gastronomie locale se décline en version à emporter, parfait pour un pique-nique sur l'île. On teste la *frittata di pasta*, une spécialité à base se spaghettis et d'œufs frits, ou les chaussons aux friarielli – un cousin de l'épinard – et fromage. On peut aussi piocher dans la carte des *panini*, réalisés à la commande avec des poissons frais, des légumes de l'île ou de la mozzarella.

Piazza dei Martiri, 2 • Procida • Mercredi-lundi midi et soir • ☎ + 39081 3142893

Bars, clubs Sorties

Maresia

Lido/bar 34 Plan p. 154

Ce *lido* perché sur une falaise au-dessus de la plage de Chiaiolella dispose d'une petite buvette tropicale digne d'un *beach bar* de Bali. Le cadre est magnifique : palmiers et cactus, piscine à débordement, mobilier design et surtout vue imprenable sur Ischia. On adore y prendre une bière glacée ou siroter un jus maison au coucher du soleil. Paradisiaque !

Via G. Garibaldi, 27, Spiaggia di Chiaiolella, Procida • ☎ 081 8101152 • www.maresiaprocida.it • Mai-sept. : t.l.j. 10h-jusqu'au coucher du soleil.

Vineria Letteraria L'Isola di Arturo

Terrasse/bar 35 Plan p. 154

Ce petit bar sur le port de Marina Corricella a plus d'un tour dans son sac : sa terrasse, si proche de l'eau qu'on pourrait y avoir le mal de mer ; à l'intérieur, un comptoir où l'on discute aussi bien littérature qu'œnologie, le patron étant spécialiste dans les deux domaines ; enfin, tout au fond, des portants accueillant vêtements de style marin et chapeaux. Un lieu hybride.

Via Marina Corricella, 40, Marina Corricella, Procida • ☎ 081 8969500 • Facebook : Vineria Letteraria l'Isola di Arturo • En saison t.l.j. 8h30-2h • F. janv.-mars.

Taverna Antonio

Taverne 36 Plan p. 154

Une poignée de tables sous le soleil d'Ischia, des vins blancs de l'île – le Biancolella et le Forastera sont recommandés – ou de Campanie bien frappés, des tapas délicieuses et l'une des meilleures *bruschette*, et cette taverne sur le port devient l'apéro-bonheur total ! Tout simplement parfait avant de repartir en *aliscafo* vers Naples.

Via Porto, 55 (rive droite), Ischia Porto • ☎ 081 984264 • T.l.j. 11h-23h (août 18h-2h).

Hôtels B&B

Villa Maria

Hôtel

Avec sa façade jaune safran, ses hautes persiennes vertes et sa corniche immaculée, cette villa construite au début du XXe s. a fière allure. Belles chambres avec balcon et vue sur le port.

Piazza Antica Reggia, 16, Porto d'Ischia • ☎ 081 992117 • www.villamariaischia.it • De 80 à 140 €.

Hotel La Corricella

Hôtel

Un petit hôtel perché au-dessus de la marina. Vue extraordinaire, en particulier depuis la terrasse/solarium commune.

Via Marina di Corricella, 88, Procida • ☎ 081 8967575 • www.hotelcorricella.it • À partir de 80 €, résa le plus en amont possible conseillée • Avr.-oct.

Shopping Cadeaux

Enoteca del Borgo Antico

Vins 53 Plan p. 154

Une jolie cave située dans la rue principale de Marina Grande. Le lieu rêvé pour découvrir les meilleurs cépages locaux, qui sont bien souvent originaires de la Grèce antique : Falanghina d'Ischia ou des champs Phlégréens, Greco (di Tufo ou d'ailleurs), Aglianico de la DOCG Taurasi ou de la côte amalfitaine, etc. Également de belles bouteilles de limoncello et des liqueurs originaires de Procida.

Via Vittorio Emanuele, 13, Procida • ☎ 081 8969638 • T.l.j. 9h-13h30 et 16h-20h30.

RANDONNÉE AU SOMMET DU MONTE EPOMEO

Surgie autour d'un ancien volcan, l'île d'Ischia est dominée par le profil effilé du Monte Epomeo, étroit sommet d'où profiter d'une vue splendide sur la mer, à 360°. Une balade accessible à toute la famille.

Le village de Serrara Fontana

Ischia a beau être une petite île baignée par les eaux de la Méditerranée, elle a aussi ses localités de montagne, comme Serrara Fontana, village panoramique perché à 366 m d'altitude. Autrefois, les jeunes célébraient la nuit du 15 août en dormant au sommet du volcan. C'est donc tout naturellement que notre balade commence dans le village, d'où part un sentier bien fléché pour le Monte Epomeo.

L'ascension au sommet

D'abord à travers bois, le sentier s'aventure ensuite sur une pierre blanchâtre provenant de la dernière éruption du volcan (aujourd'hui éteint), en 1302. La montée est parfois un peu raide, mais ne dure pas bien longtemps. Rapidement, on se trouve sous la pointe du sommet, où une petite chapelle est creusée dans la roche. Encore un effort pour conquérir les derniers mètres et nous voilà perchés à 789 m d'altitude, point culminant du golfe.

Sur le Monte Epomeo

Sant'Angelo

Descente jusqu'à la plage

Au retour, on rebrousse chemin vers le village de Serrara Fontana, d'où l'on peut encore prolonger la promenade. En suivant les panneaux marron, qui indiquent les itinéraires piétons, on suit le chemin pour Sant'Angelo. Sinueux et sauvage, il mène à la Spiaggia dei Marronti, dont la particularité est d'être dotée de fumerolles qui rendent le sable très chaud – mieux vaut garder ses chaussures !

INFORMATIONS PRATIQUES

- Départ et arrivée du village de Serrara Fontana, possibilité de prolonger jusqu'à la Spiaggia dei Maronti.
- Distance : 5 km A/R + 1,5 km pour descendre jusqu'à la Spiaggia dei Maronti
- Difficulté : parfois un peu raide mais adapté à toute la famille
- Prévoir un chapeau, de bonnes chaussures et 1 l d'eau par personne.

CAPRI

14

Capri est l'essence même de la Méditerranée : grappes roses de bougainvillées, pins parasols et falaises blanches abruptes tombant dans une mer turquoise. Les charmantes ruelles de Capri, très branchées et noires de monde en été, contrastent avec le calme d'Anacapri, plus authentique. Pour apprécier pleinement la beauté de l'île, à l'écart de la foule, il faut la voir au printemps ou à l'automne, et s'éloigner des sentiers battus.

Comment y aller ? Voir carnet pratique p. 200

Panorama sur Capri

1 La Piazzetta✦

Située à l'arrivée du funiculaire qui part de Marina Grande, la Piazzetta est au centre du village et de la vie de l'île. On commente les événements mondains aux terrasses de café, surpeuplées de nuit comme de jour. C'est aussi le point de départ de tous les itinéraires : vers les magasins de luxe de la via Camerelle ou vers la découverte de l'île secrète, aux couleurs de *l'Odyssée*.

2 Les bains de mer✦✦

Les amateurs de plages de sable fin doivent se faire une raison : la nature de l'île invite plutôt au plongeon entre les rochers. Pour lézarder confortablement, rendez-vous dans les établissements balnéaires (payants) qui fleurissent à la belle saison : **La Fontelina** vers les rochers de Faraglioni, **Lido del Faro** au phare, ou ceux de **Marina Piccola.** Les places sont chères dans tous les sens

Grotte bleue

du terme : allez-y de bonne heure ou réservez votre parasol la veille.

3 Monte Solaro✦✦

À 589 m d'altitude, le Monte Solaro est le point de vue panoramique de l'île. D'Anacapri, on peut s'y rendre en 13 min avec le télésiège ou bien à pied (environ 1h-1h30 de marche). Bar et chaises longues vous accueilleront au sommet.

Anacapri • ☏ 081 8371438 • T.l.j. mars-avr. 9h30-16h, nov.-fév. 9h30-15h30, mai-oct. 9h30-17h • Accès télésiège payant : 9 € l'aller simple; 12 € A/R.

4 Grotta Azzurra✦

Grotte bleue

C'est l'un des musts de Capri. Ses eaux turquoise, d'une clarté stupéfiante et réellement magique, attirent des centaines de touristes par jour en haute saison. Attention, vous ne passerez qu'environ 5 min dans la grotte.

Accès depuis Anacapri : *bus, taxi ou marche (50 min). Des barques prennent en charge les visiteurs à l'entrée de la grotte (entrée : 14 €)* **Accès depuis Marina Grande :** *des bateaux partent du petit môle du port (excursion de 2h, 15 € + 14 € pour entrer dans la grotte sur de plus petites embarcations) • T.l.j. 9h-17h (f. hiver et jours de tempête).*

5 Villa San Michele✦✦✦

Cette splendide construction porte la marque de la forte personnalité de son propriétaire, Axel Munthe, écrivain et médecin suédois. La villa abrite d'intéressants témoignages archéologiques, et son jardin tout en terrasses et en pergolas est d'un romantisme exquis.

Anacapri • Viale A. Munthe, 34 • ☎081 8371401 • www.villasanmichele.eu • T.l.j. nov.-fév. 9h-15h30, avr. et oct. 9h-17h, mars 9h-16h30, mai-sept. 9h-18h • Entrée : 12 €.

6 Villa Jovis✦✦✦

La villa de l'empereur Tibère, dédiée à Jupiter, jouit d'une vue imprenable sur la péninsule de Sorrento. Au milieu des jardins

Pause torta caprese : Buonocore

Une cuisinière aux mains d'or aurait préparé ce gâteau pour les officiers de Napoléon lors de la campagne de Russie. La *torta caprese* (4 € la part) n'a l'air de rien avec sa sobre couleur chocolat, adoucie par le sucre qui la recouvre. Elle cache pourtant, dans un intérieur moelleux, toute la tradition méditerranéenne de la pâte d'amandes, mariée au cacao venu du Nouveau Monde. C'est chez le pâtissier-glacier Buonocore qu'il faut absolument la déguster.

97 ***Via Vittorio Emanuele, 35 • ☎081 8377826 • Mars-juin et oct. : mer.-lun. 8h-22h30 ; juil.-sept. : t.l.j. 8h-2h.***

étagés, vous découvrirez les grandes citernes au centre, puis le quartier de la Cour, celui des esclaves, les thermes et la salle des audiences. Du « saut de Tibère », un à-pic de 330 m, auraient été jetées à la mer les victimes de l'empereur.

Via A. Maiuri • ☏ 081 8370634 • Été : 1er juin-30 sept. t.l.j. 10h-19h, oct. mer.-lun. 10h-17h, nov.-déc. mer.-lun. 10h-16h • Entrée : 6 €.

7 Faraglioni✦✦✦

Les Faraglioni sont les trois rochers mythiques de Capri. C'est sur le dernier, appelé « Scopolo », que vit le lézard bleu qui perd ses couleurs lorsqu'il s'éloigne du lieu. Découvrez par la via Matermania l'arc naturel percé dans la roche par l'érosion, et la villa de Malaparte, immortalisée par Jean-Luc Godard dans le film *Le Mépris*. La promenade, à travers des paysages inchangés depuis Homère, peut s'achever par une baignade dans un décor idyllique.

Restos Bistrots

La Palette

Méditerranéen 98 Plan ci-contre

La palette, c'est celle du peintre. Dès le premier plat, on comprend qu'ici elle est infinie, que ce sont toutes les couleurs de la Méditerranée que le chef met dans l'assiette, à l'image de ce carpaccio de crevettes (ou de thon) où se mêlent les herbes odorantes du maquis, les fleurs sauvages de l'île et les œufs de poisson orange, verts et noirs. Les *paccheri di Gragnano*, poivron vert et moules qui suivent sont du même acabit : une fantaisie géniale, une maîtrise totale de l'harmonie des textures et des saveurs. Ajoutez à cela une cave hors pair et une vue sans pareille sur le sud de l'île, et vous comprendrez comment Alfredo et Veronica ont réussi à faire de La Palette l'une des plus belles expériences de Capri.

Via Matermania, 36 • ☏ 081 8379235 (mob.) • T.l.j. 12h-15h et 19h-minuit • Plats : 14-24 €.

La Terrazza Brunella

Napolitain 99 Plan ci-contre

Oui, La Terrazza Brunella est un must cher ! Mais la cuisine d'Antonio De Simone mérite bien quelques jours de régime pizza ! Car tous les classiques de la cuisine campanienne sont ici, réalisés à la perfection : *ravioli capresi* (18 €), *paccheri alla puttanesca di mare* (25 €), etc., à savourer dans une salle d'un blanc immaculé, accrochée à la falaise, et d'où la vue sur le sud de l'île et la masse abrupte du Monte Solaro n'a pas d'égale. Sans compter le charme suranné de ses serveurs, veste crème et nœud pap', à la mine un brin compassée…

Via Tragara, 24 • ✆ 081 8370122 • www.terrazzabrunella.com • Pâques au 1er nov. : t.l.j. 12h-16h30 et 19h30-23h30 • Primi : 16-32 €; poisson et viande : 20-32 €.

Lo Scoglio delle Sirene

Napolitain 100 Plan p. 164

Cette terrasse embrassant la mer, en contrebas de Capri, est un paradis sur terre. On y déguste de beaux plats de poisson grillé et quelques spécialités à se damner : pâtes maison aux fleurs de courgette et *vongole*, *paccheri* aux petits poulpes, sauce aux olives et aux câpres. La qualité de l'assiette et la splendeur du site méritent le détour !

Via Mulo, 77, Marina Piccola • ✆ 081 8370221 • www.loscogliodellesirenecapri.com • T.l.j. avr.-oct. 9h-18h • Pâtes : 15-26 € • Résa conseillée.

Anema e Core

Bars, clubs Sorties

Anema e Core

Taverne 37 Plan p. 164

Voilà près de 30 ans que Guido Lembo, musicien, guitariste, chanteur, *entertainer* et businessman, anime les soirées les plus courues de Capri. Sa célèbre taverne est un lieu modeste qui réunit une clientèle plutôt chic, mais aussi des amis de longue date et des touristes curieux, pour des soirées musicales fiévreuses et pleines de bonne humeur. Un must de Capri.

Via Sella Orta, 1, Capri • ✆ 081 8376461 ou ✆ 347 4882549 (mob.) • www.anemaecorecapri.com • T.l.j. 23h-4h • Résa conseillée juin-août • Entrée : 40 € (avec 1 conso).

La Capannina Wine Bar

Bar 38 Plan p. 164

Si vous êtes las de l'atmosphère un peu bling-bling de Capri, filez dans ce discret bar-lounge caché dans une ruelle minuscule. Vous y trouverez toute la jeunesse capriote en goguette. Côté bar, plus intime, on sirote des cocktails sur du jazz bon enfant ; côté lounge – une terrasse couverte d'un chapiteau –, la musique est plus rock, et l'ambiance plus électrique.

Vico San Tommaso, 1, Capri • ☎ 081 8370732 • www.capanninacapri.it • T.l.j. 19h30-2h • Cocktails : 7-10 €.

Vinoteca della Zagara

Bar à vins 39 Plan p. 164

Dans le village discret d'Anacapri, la Vinoteca della Zagara est devenue en peu de temps le repaire des amateurs de bons vins, qui chaque semaine viennent goûter dans un décor stylé une nouvelle sélection de vins italiens – et seulement italiens – triés sur le volet : des rouges, des blancs, des rosés, des pétillants, mais aussi des cépages inattendus en Italie, comme le tokay ou le riesling, ou encore des vins de la région (7-8 € le verre). Les tapas sont très bonnes (*bruschette* offertes), mais penchez-vous au-dessus de la vitrine réfrigérée : il y a là quelques *salumi* à tomber.

Via G. Orlandi, 180, Anacapri • ☎ 081 8372923 • www.casamariantonia.com • T.l.j. 18h-1h

Hôtels B&B

Il Giardino dell'Arte

B&B

Cinq chambres charmantes dans un environnement fabuleux : vue sur Ischia depuis les terrasses, au milieu d'une végétation luxuriante ! L'adorable propriétaire vient vous chercher au port.

Traversa la Vigna, 32b, Anacapri • ☎ 081 8373025 • www.giardinocapri.com • De 89 à 159 €.

Shopping Cadeaux

Carthusia

Parfums 54 Plan p. 164

C'est un père prieur de la chartreuse de Saint-Jacques qui aurait découvert la magie des eaux parfumées, en 1380. Aujourd'hui, la maison Carthusia perpétue cette tradition et livre des fragrances enchanteresses : *Aria di Capri* (citron, orange, pêche) et *Fiori di Capri* (muguet et œillet, ambre et santal) comptent parmi les parfums les plus prisés. Eau de toilette à 70 € les 50 ml, 90 € les 100 ml.

Viale Matteotti, 2/d • ☎ 081 8375393 • www.carthusia.com • T.l.j. 9h-17h (20h en été).

SORRENTO

15

La ville de Sorrento, qui a donné son nom à la péninsule voisine, est une station balnéaire légendaire. Les Romains appréciaient déjà la douceur de son climat; par la suite, elle fut célébrée par tous les voyageurs réalisant le « Grand Tour », avant de devenir un repaire de la *jet-set*. Très touristique la journée, Sorrento retrouve un peu de sa quiétude le soir venu, et invite à découvrir sa gastronomie et son artisanat.

Comment y aller? Voir carnet pratique p. 201

Ruelle à Sorrento

① Duomo✦✦

La cathédrale de style roman date du début du XVe s., mais sa façade a été complètement transformée en 1924. À l'intérieur, on découvre des toiles de l'école napolitaine du XVIIIe s., le trône de l'archevêque en marbre (1573), une jolie crèche et quelques éléments en marqueterie de Sorrento. Le campanile coloré, détaché du Duomo, est surmonté d'une énorme horloge en céramique polychrome, œuvre d'artisans locaux. Un peu plus bas, en descendant la petite via Giuliani, le **Sedil Dominova** servait de lieu de rencontre aux nobles de la cité : sa coupole de majolique et son élégante loggia peinte de fresques en trompe-l'œil valent le détour.

Via Santa Maria della Pietà, 44, Corso Italia • ✆081 8782248 • www.cattedralesorrento.it • T.l.j. 8h-12h et 16h-20h • Accès libre.

② Villa Fiorentino✦

Cette jolie villa des années 1930 de style Liberty propose de belles expositions, des spectacles et des concerts. Le jardin, planté d'orangers, de cactus et d'essences locales, est un havre de paix. Prenez le temps de vous y promener et de découvrir la petite **ferme sorrentine** tout au fond.

Corso Italia, 53 • 081 8782284 • www.fondazionesorrento.com/it/public-pagine-villa_fiorentino.php • T.l.j. 10h-13h et 16h-20h • La villa ne se visite que s'il y a des expos.

3 Museobottega della Tarsialignea✦✦

Musée-boutique de la Marqueterie

Depuis 1986, le designer Alessandro Fiorentino rassemble, dans ce palais du XVIIIe s., les plus belles œuvres de la marqueterie de Sorrento, prisée de toute l'Europe jusqu'au début du XXe s. Lits, consoles, boîtes à bijoux, cadres ou paravents, les réalisations sont ébouriffantes de prouesse technique et de beauté. À découvrir en français, en compagnie du maître des lieux (supplément de 8 € min. ; min. 15 pers.).

Fresque au jardin d'agrumes

Palazzo Pomarici Santomasi, via San Nicola, 28 • 081 8771942 • www.alessandrofiorentinocollection.it • T.l.j. avr.-oct. 10h-18h30, nov.-mars 10h-17h30 • Entrée : 8 €.

4 Agruminato✦✦

Le jardin d'agrumes

Ce magnifique jardin peuplé de citronniers et d'orangers a été acquis dans les années 1960 par les autorités locales afin de le sauver de la spéculation immobilière. On y récolte les agrumes pour les transformer en liqueurs, confitures ou confiseries. Il est possible de le visiter, et tout au fond se trouve un petit bar-boutique,

Pause au calme chez Artis Domus

Dans un ancien palais, un superbe jardin avec transats, poufs colorés, balancelles et même piscine vous accueille pour un moment à l'abri de la foule et du bruit. Au choix, un déjeuner sur le pouce ou un verre frais à l'ombre des citronniers et des orangers.

101 *Via Fuoro, 85 • 081 8770670 • www.artisdomusrelais.com • T.l.j. 11h-15h et 18h30-23h • Pizzas : 11-12 €.*

I Giardini di Cataldo, qui propose l'un des meilleurs limoncello de la côte (11 € les 50 cl, 15 € les 70 cl et 18 € les 100 cl).

Corso Italia, 267 • ☏081 8781888 • www.igiardinidicataldo.it • T.l.j. avr.-sept. 10h-21h, oct.-mars 10h-16h30 • Visite guidée avec dégustation : 10 €.

5 Museo Correale di Terranova+++

Donation des frères Alfredo et Pompeo Correale, comtes de Terranova et derniers descendants d'une antique famille sorrentine, le Museo Correale de Sorrento est installé dans un palais du XVIIIe s. On y découvre de magnifiques marqueteries de Sorrento, des marbres grecs et romains ainsi qu'une belle collection de tableaux de l'école napolitaine. Après la visite, vous pourrez admirer le jardin planté de fleurs et de citronniers et profiter d'une vue à couper le souffle depuis la terrasse-belvédère.

La marqueterie sorrentine

Dans la salle 2, au rez-de-chaussée, sont rassemblés des meubles marquetés d'une extraordinaire finesse. Le secrétaire réalisé en 1910 par Giuseppe Gargiulo, maître ébéniste de Sorrento, est un chef-d'œuvre de complexité. Il fait office d'écritoire avec pupitre, de coiffeuse, de boîte à couture et d'échiquier.

Les sections archéologiques et médiévales

Parmi les pièces archéologiques les plus intéressantes, il faut signaler la base d'Auguste (salle 3), piédestal en marbre datant du Ier s. apr. J.-C. et décoré de motifs grecs destinés à célébrer le culte de l'empereur. Des statues, du matériel provenant des nécropoles, des céramiques attiques et campaniennes, des sarcophages, des chapiteaux corinthiens ou ioniques (salle 5) et des inscriptions lapidaires complètent la visite. Provenant en majorité de l'ancienne cathédrale de Sorrento, des reliefs en marbre (salles 4 et 5) représentant des animaux exotiques s'inspirent de l'art perse.

Le *biribisso*

Le jeu du *biribisso* (salle 12), qui pouvait occasionner d'énormes gains, était très répandu en Italie dès le XVIe s. et touchait toutes les classes sociales. Sa nature pour le moins hasardeuse et la frénésie qu'il déchaînait le firent proscrire à partir de 1735, ce qui n'empêcha personne de continuer à jouer clandestinement. La table de jeu est divisée en 60 petites cases numérotées représentant des natures mortes, des animaux, des blasons et des masques de la *commedia dell'arte.*

Faïences et porcelaines

Le 3e étage accueille une superbe collection de porcelaines européennes, chinoises et japonaises, mais aussi de faïences

Au Museo Correale di Terranova

Villa Fiorentino

italiennes du XVIIIe s., qui constitue une véritable anthologie de la production des manufactures de l'époque.

Via Correale, 50 • 081 8781846 • www.museocorreale.it • Avr.-oct. : mar.-sam. 9h30-18h30, dim. et j. fériés 9h30-13h30; nov.-mars : mar.-dim. 9h30-13h30 • Entrée : 8 € • F. temporairement.

6 Chiostro di San Francesco✦✦

Juste avant la Villa Comunale, ce délicieux cloître du XIIIe s. renferme un jardin planté d'hortensias et de bougainvillées. Sur deux côtés, les arcs brisés de style oriental ne sont pas sans rappeler ceux du cloître du paradis, dans le Duomo d'Amalfi (p. 178). Dans les étages, on découvre quelques objets en marqueterie, une curieuse collection d'instruments anciens et également des expos de photo. Des concerts ont également lieu dans le jardin du cloître.

Piazza San Francesco, 8-9 • T.l.j. 8h30-12h30 et 16h30-20h • Accès libre.

7 Villa Comunale✦

Ce petit jardin paré de rosiers, de palmiers et de lauriers offre une vue inoubliable sur la côte sorrentine et le Vésuve. En contrebas, **Marina Piccola**, avec son port et sa plage de sable gris, est investie par les chaises longues et les parasols. Des marches vous y conduisent, mais il y a aussi l'ascenseur (aller 1 €, A/R 2 €).

T.l.j. juin-août 7h30-23h, sept.-mai 9h-20h • Accès libre.

8 Marina Grande✦✦

Une agréable balade (10 min aller) vous mènera de Sorrento à Marina Grande. Partez de la **piazza della Vittoria,** dont la jolie balustrade blanche donne sur le golfe. Continuez par la **via Marina Grande**, qui longe de fabuleux jardins jusqu'à la porte grecque, qui marquait l'entrée de l'antique Sorrento. Après une série de marches, vous arriverez à Marina Grande, petit village de pêcheurs pittoresque. Les bars, restaurants et boutiques qui s'y trouvent en font un endroit très animé.

9 Bagni della Regina Giovanna✦✦

De la piazza Tasso, on peut prendre un bus jusqu'à **Capo di Sorrento**. Là, une route descend jusqu'à la côte. Les Bagni della Regina Giovanna, piscine naturelle à ciel ouvert, de forme triangulaire, sont au bout du promontoire rocheux. Juste à côté se trouvent les **vestiges de la Villa di Pollio Felice.**

10 Lido di Marinella✦

Envie de vous baigner ? Préférez ce lido familial de Sant'Agnello. Installé dans une jolie crique à laquelle on accède par un escalier creusé dans la falaise, il permet aux petits de barboter en toute tranquillité et aux grands de nager depuis sa jetée, avec vue sur le Vésuve. Les équipements très confortables (douches, cabines) justifient le prix d'entrée.

Piazzetta Marinella, 12, Sant'Agnello • À 20 min à pied du Museo Correale de Sorrento, à 3 min en voiture • ✆ 081 8075674 • En saison : 9h-19h • Accès à la plage : résa obligatoire; accès + transat x 2 pers./1 j. : 40 € (50 € le w.-e.).

Restos | Bars | Hôtels | Shopping | Activités

Restos Bistrots

O'Parrucchiano

Sorrentin 102 Plan p. 170

Parmi les restaurants de Sorrento, O'Parrucchiano (« le prêtre de la paroisse ») mérite une mention spéciale. Enzo Maniello vous propose le meilleur de la cuisine sorrentine traditionnelle. À l'ombre des orangers et des citronniers, il vous initiera aux *gnocchi alla sorrentina*, préparés avec de la mozzarella, des tomates et recouverts de parmesan. Au menu également, les cannellonis farcis de viande, mozzarella, ricotta et parmesan, et les *paccheri al profumo di mare.*

Corso Italia, 71/73 • ✆ 081 8781321 • www.parrucchiano.com • T.l.j. 12h-15h30 et 19h-23h30 (f. mer. 15 nov.-15 mars) • *Plats : 10-13,50 €.*

Da Filippo

Sorrentin 103 Plan p. 170

Le Sorrentin qui n'a jamais déjeuné chez Da Filippo est un oiseau rare. On se presse depuis plus de 25 ans sous les boiseries de sa grande salle pour savourer encore et encore la merveilleuse cuisine de Salvatore : poisson, viande blanche, gibier, champignons, huile d'olive et citron, etc. Les produits bio et de saison de la péninsule sorrentine sont toujours à l'honneur. Ici, le péché serait de repartir sans goûter le *babà* et la tarte aux figues de Donna Maria... Du haut vol !

Via Cesarano, 5 • *081 8772448* • *Ven.-mer. 12h30-15h et 18h30-23h30* • Primi et secondi *: 8-20 €.*

La Basilica

Sorrentin 104 Plan p. 170

Retirée sous de grandes voûtes fraîches, à l'écart de la foule de la piazza Tasso, La Basilica est l'un des temples de la gastronomie sorrentine. Friture d'anchois frais, poisson en croûte de pain, espadon à la menthe ou homard, les produits de la mer sont à l'honneur, mais on y savoure aussi d'autres classiques : pizzas (6-16 €), gnocchis à la sorrentine (9 €), salade *caprese* divine (12 €) que vous pourrez accompagner d'excellents vins de Campanie, Fiano di Avellino, Aglianico et Falerno del Massico en tête.

Via Sant'Antonino, 28 • *081 8774790* • *www.ristorantelabasilica.com* • *T.l.j. 11h30-minuit* • Primi *: 9-25 €;* secondi *: 16-60 €.*

Marina Grande

Bars, clubs Sorties

Fauno Bar

Terrasse/bar 40 Plan p. 170

Avec son look seventies, ce grand bar doté d'une immense terrasse est un incontournable de Sorrento. On peut y prendre un *espresso* avant de monter dans l'*aliscafo*, lézarder au soleil devant un cappuccino, déjeuner rapidement, siroter un spritz en début de soirée ou un limoncello avant de rentrer. La terrasse devient encore plus plaisante le soir, quand le trafic ralentit. À l'intérieur, très jolie déco de mosaïques vertes, au charme rétro très *dolce vita*.

Piazza Tasso, 13-15 • ☏081 878 1135 • www.faunobar.it • T.l.j. 7h-minuit.

Hôtels B&B

Agriturismo La Lobra

Gîte rural

Coup de cœur pour cette demeure, noyée parmi les citronniers, les vignes et les oliviers, offrant 9 chambres avec vue sur la mer et les collines. Goûtez à la cuisine et aux produits de la famille !

Via Fontanelle, 17, Marina della Lobra Massa Lubrense • ☏081 8789073 • www.lalobra.it • 90 €.

Casa Gilda

B&B

Belle maison de charme à 10 min de la piazza Tasso et à quelques marches de Marina Grande ! Chambres coquettes aux couleurs vives, terrasse avec vue sur le golfe.

Via Marina Grande, 4, Sorrento • ☏338 8560460 (mob.) • http://gilda.tripcombined.com/#rooms • De 100 à 180 € ; 3 nuits min.

Shopping Cadeaux

Mezzokilo Aromi di Sorrento

Gastronomie 55 Plan p. 170

Haut lieu des saveurs artisanales, la petite boutique de Giuseppina vous permettra de vous approvisionner en tomates séchées (2 €/50 g), épices et mélanges d'aromates pour cuisiner des *penne all'arrabbiata* ou des *spaghetti alla matriciana*... Tout ou presque vient de son jardin.

Via Fuoro, 62A • ☏333 3718544 • T.l.j. 10h-21h.

Fattoria Terranuova

Gastronomie 56 Plan p. 170

Cette épicerie et boutique gastronomique se distingue par la qualité de ses produits certifiés bio et par son cadre délicieux. Citron de Sorrento, vin naturel (à partir de 5 €), huiles d'olive (5-13 €),

Cafetière Bialetti

pesto maison, limoncello (5-17 €) ou liqueurs proviennent tous d'une ferme située sur les hauteurs de la péninsule sorrentine, à Sant'Agata sui Due Golfi. N'hésitez surtout pas à pénétrer dans le petit passage à droite du magasin : un divin jardin intérieur aux murs décorés de majolique vous attend. Dégustation de limoncello offerte.

Piazza Torquato Tasso, 16, Sorrento • ☏ 081 8781263 • www.fattoriaterranuova.it • T.l.j. 9h-20h.

Bialetti

Cafetières

57 Plan p. 170

La boutique idéale pour ceux qui seront tombés amoureux du café à l'italienne. On y vend la célèbre moka, cafetière en aluminium conçue par Alfonso Bialetti en 1923 (à partir de 15 €). Nombreux modèles, comme la classique Moka Express ou la Brikka, déclinées en différentes couleurs. Une seule constante : la qualité irréprochable d'un matériel reconnu par les amateurs les plus exigeants. Également, de la vaisselle (tasses, cuillères) et quelques gadgets qui peuvent constituer de sympathiques souvenirs.

Corso Italia, 178, Sorrento • Circumvesuviana Sorrento • ☏ 081 18515809 • www.bialetti.com • T.l.j. 10h-20h.

NOS PLUS BELLES TERRASSES

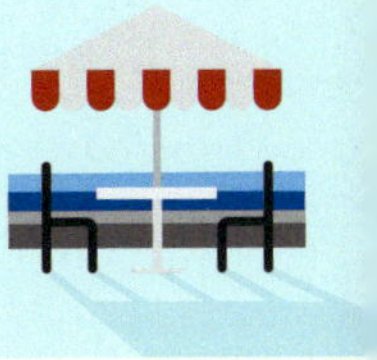

Les terrasses sont innombrables à Naples, et le soleil présent été comme hiver les met toute l'année à l'affiche. Sur une place, les pieds dans l'eau ou avec vue, choisissez votre préférée.

Officina

Un bar élégant, installé dans une ancienne pharmacie, au décor très XIXe s. La terrasse, avec vue sur le château de l'Œuf, est idéale pour prendre le frais.

Voir p. 119, quartier 9.

Bardelmare

Quelques tables posées au bord d'une cale du Capo Posillipo où les bateaux dansent, non loin de somptueuses villas. On boit un verre avant ou après la baignade ?

Voir p. 132, quartier 10.

Maresia

Ce *lido* de Procida possède une terrasse panoramique où se rafraîchir après la plage. Les couchers de soleil avec vue sur Ischia y sont légendaires.

Voir p. 158, visite 13.

Fauno Bar

Installé au cœur de Sorrento, le Fauno est une étape obligatoire. Café du matin, rafraîchissement, *aperitivo* ou digestif, il n'y a pas d'heure pour y passer !

Voir p. 175, visite 15.

Maresia, à Procida

LA CÔTE AMALFITAINE

16

D'Amalfi à Positano, chaque virage de la route panoramique qui parcourt la côte vous réserve des paysages d'une incomparable beauté. Des falaises tombant à pic dans la mer, des petits villages accrochés aux rochers, une végétation luxuriante aux couleurs méditerranéennes font de cet endroit un véritable paradis...

Comment y aller ? Voir carnet pratique p. 201

Céramique d'Amalfi

1 Amalfi✦✦✦

Établie sur l'une des plus belles côtes du monde, Amalfi possède une riche histoire. Au Moyen Âge, c'était une république maritime puissante et indépendante, qui commerçait volontiers avec l'Orient. Une influence que l'on retrouve aujourd'hui dans son architecture et son atmosphère uniques.

Cattedrale di Sant'Andrea (Duomo)

Commencé dès le IXe s. puis remanié en style roman au XIe s., le Duomo s'impose comme l'un des plus beaux édifices religieux de la région. Son escalier majestueux mène droit à la fastueuse façade, ornée de marbres blanc et noir. Les mosaïques et les arcs en ogive tressés trahissent des influences arabo-byzantines. Le **campanile**, surmonté de fenêtres romanes, est coiffé d'une coupole couverte de majolique vert et jaune. À gauche de l'harmonieux **péristyle**,

Atrani

on accède au délicieux **cloître du Paradis,** datant probablement du XIIIe s. Ce lieu de sépulture, où règne une étrange quiétude, était réservé à la noblesse amalfitaine, qui pensait s'ouvrir ici les portes du paradis.

Piazza Duomo • T.l.j. mars-sept. 9h-18h45 (19h45 juil.-sept.), nov.-fév. 10h-13h et 14h30-16h30 • Entrée : 3 €.

Museo della Carta (Musée du Papier)

Cet ancien moulin du XIIIe s. fait vivre la tradition papetière d'Amalfi. Le procédé de fabrication, qui reste artisanal, est inchangé depuis le Moyen Âge. Le blason de la République et le filigrane garantissent l'authenticité de ce papier de qualité. Les visiteurs sont invités à tester les techniques de fabrication du papier, rendant la visite ludique.

Via delle Cartiere • 089 8304561 • www.museodellacarta.it • Mars-oct. et fêtes de Noël : t.l.j. 10h-18h30, nov.-fév. : mar.-dim. 10h-17h • Entrée : 4,50 €.

2 Atrani***

On accède au village d'Atrani par une splendide route en corniche, aménagée en 1840. Perdez-vous dans ses ruelles aux couleurs blanc et vert, qui évoquent la médina orientale : passages voûtés, placettes oubliées, senteurs de jasmin et de bougainvillées... La **cathédrale,** perchée en haut d'un promontoire qui s'avance dans la mer, exhibe un superbe dôme couvert de majolique. Montez jusqu'à la petite terrasse devant l'édifice, d'où l'on jouit d'une vue magnifique sur la *costiera.*

Depuis Amalfi, empruntez le souterrain qui mène au parking, puis continuez à gauche le long de la mer. Autre solution, passez par le haut d'Amalfi.

3 Ravello✦✦✦

On rejoint le village perché de Ravello par une route panoramique qui monte en lacet depuis Amalfi. Longtemps associée à cette dernière, la cité a connu son heure de gloire au XIIIe s., en se dotant de prestigieux monuments aux influences orientales. Le **Duomo**, bâti entre le Xe et le XIe s., est emblématique de cet âge d'or : sa précieuse porte en bronze ouvre sur une étonnante chaire, posée sur des lions sculptés. Ses colonnes torsadées sont incrustées de mosaïques dorées représentant divers animaux.

À 4,5 km d'Amalfi par la SS163, dir. Positano.

Les villas de Ravello

Autres incontournables de Ravello, ses villas de rêve – deux peuvent

Pause gourmande à Amalfi : la Pasticceria Pansa

Elle est tellement évidente, sise au pied du Duomo, avec ses lettres d'or ciselées dans le marbre, qu'on aurait tendance à snober cette pâtisserie. Grave erreur ! Voilà plus de 180 ans que la famille Pansa confectionne ici des pâtisseries devenues la référence de toute la côte amalfitaine. Le dernier-né des Pansa, Andrea, y a ajouté la passion exigeante du chocolat : *scorzette* au citron ou à l'orange (50 € le kilo), praliné, *sfogliatelle*, *pasticciotto* aux amandes (5,50 €), délices au citron, etc. le plaisir est sans fin.

105 *Piazza Duomo, 40 • 089 871065 • www.pasticceriapansa.it • T.l.j. 7h30-23h (1h en été).*

se visiter. La **Villa Rufolo**, au foisonnant jardin tropical, est entourée de ruines médiévales. Elle inspira à Richard Wagner son opéra *Parsifal*. La **Villa Cimbrone**, perchée sur les hauteurs, étend ses sublimes jardins peuplés de statues antiques à plus de 300 m au-dessus de la mer. L'endroit rêvé pour admirer la beauté incomparable de la côte amalfitaine.

Villa Rufolo : *piazza Duomo • http://villarufolo.com • T.l.j. 9h-17h (21h en été); billetterie f. 30 min avant • Entrée : 6 €* **Villa Cimbrone :** *via Santa Chiara, 26 • https://www.hotelvillacimbrone.com/villa-cimbrone/ • T.l.j. 9h-coucher du soleil • Hôtel réservé aux clients • Entrée : 7 €.*

4 Grotta dello Smeraldo✦✦

Grotte d'Émeraude

À 4,5 km d'Amalfi, entre Conca dei Marini et Praiano, se trouve l'un des joyaux de la côte, une grotte naturelle aux dimensions impressionnantes. La lumière y pénètre par une galerie qui se trouve en dessous du niveau de la mer. Elle donne à l'eau cette couleur particulière, et son nom à la grotte. Le spectacle des stalactites et des stalagmites se reflétant à la surface est merveilleux.

À 4,5 km d'Amalfi par la SS163, dir. Positano • ☏089 871107 (office de tourisme d'Amalfi) • T.l.j. : mars-sept. 10h-16h et oct.-fév. 10h-15h • Desservi par le bus Sita « Costiera » (p. 201) • Entrée : 6 €.

5 Fiordo di Furore✦✦

L'un des plus beaux endroits pour se baigner sur la côte amalfitaine ! Depuis le pont qui enjambe un profond ravin, on descend une poignée de marches vers la grève, où se blottissent quelques maisons de pêcheurs. Le bleu émeraude de la mer, rehaussé par de hautes parois ocre, invite à la baignade. La faune et la flore locales, d'une grande richesse, sont protégées.

Fiordo di Furore

À 6 km d'Amalfi par la SS163, dir. Positano • Accès très compliqué en voiture, privilégiez le bus Sita « Costiera » (p. 201).

6 Praiano✦✦

Moins connu que Positano ou Amalfi, le petit village de Praiano, accroché à sa falaise, mérite bien un arrêt. Au pied de l'**église San Gennaro**, dont le dôme est revêtu de majolique, une vaste place permet d'admirer la côte, de Positano jusqu'à Capri. Si vous descendez les ruelles envahies par les fleurs, vous trouverez au bout d'un escalier vertigineux la petite **cale de la Gavitella**, où l'on peut se baigner. Les couchers de soleil y sont légendaires...

À 11 km d'Amalfi par la SS163, dir. Positano • Accès compliqué en voiture, le village ne disposant que de très peu de places de parking. Privilégiez le bus Sita « Costiera » (p. 201).

7 Positano✦✦✦

Avec ses maisons qui dévalent la pente abrupte jusqu'à la mer, Positano ressemble à une crèche. Cet ancien village de pêcheurs est devenu une station balnéaire célèbre dans le monde entier. Les escaliers et les ruelles, entre les jardins et les terrasses suspendues, conduisent aux plages : celle de **Marina Grande**, la principale, est animée à toute heure et bordée de restaurants et de commerces ; celle de **Fornillo**, plus sauvage, est veillée par deux anciennes tours de guet. Aux abords de **Santa Maria Assunta**, une nuée

Positano

de boutiques vendent vêtements bariolés et sandales artisanales.

À 19 km d'Amalfi par la SS163 • Pour vous garer, trouvez une place le long de la route ou stationnez dans un parking payant (très cher). Le plus simple est de venir par le bus Sita « Costiera » (p. 201).

Restos | Bars | Hôtels | Shopping | Activités

Restos Bistrots

La Zagara

Pâtisserie 106 Plan p. 180

Malgré un service peu aimable devenu quasi légendaire, la réputation de La Zagara ne faiblit pas. C'est que l'antique pâtisserie a deux bottes secrètes : une terrasse sous une pergola d'où le regard embrasse la vallée plantée de citronniers et d'orangers, le village de Positano en escaliers et la coupole de majolique de Santa Maria Assunta ; et une sélection infinie et irrésistible des meilleures pâtisseries locales, à commencer par la *torta caprese al cioccolato e mandorle* (5 €), la tartelette aux fraises des bois *(crostata di fragole di bosco)* et l'incontournable *Delizia al limone*, une génoise en forme de sein au sirop de limoncello et à la crème de citron…

Via dei Mulini, 10, Positano • 089 875964 • www.lazagara.com • T.l.j. 8h-22h.

Ristorante Marina Grande

Gastro 107 Plan p. 180

Bien qu'il soit également un *beach club*, ce restaurant installé sur le *lido* d'Amalfi n'a rien d'une cabane de plage. Son cadre soigné invite à la détente : plancher ciré, déco marine, terrasse au-dessus de la mer avec bruit des vagues en bande-son, etc. Dans une vaisselle contemporaine, on vous servira des plats savoureux et joliment présentés. L'assiette de poulpe préparé de trois manières fait partie des musts, tout comme les *linguine* aux fruits de mer. L'adresse idéale pour un dîner en amoureux.

Viale della Regione, 4, sur la petite plage d'Amalfi avant le promontoire • 089 871129 • http://ristorantemarinagrande.com • T.l.j. 12h-15h et 18h30-22h15 • Résa indispensable • Antipasti : 14-18 €; salades : 10-12 €; pâtes : 14-20 €; poisson et viande : 18-26 €.

L'Abside

Sur le pouce 108 Plan p. 180

Au royaume de la *pasta*, de la pizza et des fruits de mer, les salades et les *bruschette* (10 €, surtout le midi) concoctées ici connaissent un grand succès ! Pour déguster en terrasse ce délicieux pain grillé, légèrement aillé, mouillé d'un filet d'huile d'olive et recouvert de tomates, de jambon cru, d'origan ou de quelques feuilles de basilic, mieux vaut venir tôt (12h en haute saison) !

Piazza dei Dogi, 31, Amalfi • 089 873586 • www.ristorantelabside.it • Lun.-sam. 12h-22h • F. temporairement.

Lido Azzurro

Poisson 109 Plan p. 180

Ce *lido* est une institution du bord de mer amalfitain. Élégante terrasse posée sur l'eau, avec une vue spectaculaire sur le port et le promontoire d'Amalfi. À l'intérieur, salle à la déco colorée, peuplée de céramiques et d'objets d'inspiration marine. Au menu, d'inoubliables *spaghetti alle vongole*, des *linguine* aux langoustines ou des poissons grillés (plus cher). Le ballet des serveurs, poêlons de *pasta* à la main, donne le tournis.

Lungomare dei Cavalieri, 5, Amalfi • 089 871384 • www.ristorantelidoazzurro.it • Mar.-dim. 12h-14h45 et 18h45-22h15 • Antipasti : 12-20 €; primi : 14-18 €; poisson : 25-30 €.

Trattoria dei Cartari

Trattoria 110 Plan p. 180

Si l'émotion existe en cuisine comme le coup de foudre en amour, alors la cuisine de cette trattoria, retirée de la cohue comme pour mieux cacher ses secrets, pourrait bien vous tirer des larmes… de bonheur. Goûtez les classiques *spaghetti alle vongole*, illustration parfaite de la philosophie maison : ail, oignon, persil, huile d'olive, coques avec leur jus de cuisson et de gros spaghettis *croccante*… C'est divin ! Terminez avec l'exquise aubergine confite au chocolat (5 €) !

Piazza Spirito Santo, 5, Amalfi • 089 872131 • Mar.-dim. 12h30-16h30 et 19h30-23h • Primi : 10-15 €; secondi : 20-25 €.

Mimì Bar Pizzeria

Pizzeria 111 Plan p. 180

Sous le soleil de Ravello, qui cuit jusqu'aux vieilles pierres de la cité médiévale, la pergola ombragée de Mimì est une bénédiction. Pour d'autres bienfaits, visez plutôt la carte, à commencer par quelques spécialités originales comme la saucisse à la *provola* grillée dans des feuilles de citron (12 €) ou les spaghettis à la sauce aux anchois de Cetara (12 €). Mais c'est la pizza, déclinée en une vingtaine de recettes (7-12 €), qu'il faut absolument goûter. La Bufala (8 €), aux tomates de San Marzano et à la mozzarella de bufflonne, est à la fois d'un juteux et d'un croustillant inégalables qui en font un pur chef-d'œuvre… bien trop éphémère.

Via San Francesco, 12, Ravello • 089 857134 • www.mimiravello.com • T.l.j. 12h30-15h et 19h-22h (f. lun. en hiver) • Pâtes : 10 €; antipasti : 6-12 €.

La Zagara

Lo Guarracino

Poisson 112 Plan p. 180

Ce restaurant de poisson et de fruits de mer, qu'on dirait suspendu à un fil au-dessus des flots, offre quelques émotions fortes, dont les inoubliables *scialatielli* – des pâtes fraîches typiques de la côte – aux aubergines et à la mozzarella fumée, et la *zuppa di cozze*, une délicieuse soupe de moules à la sauce tomate.

Via Positanesi d'America, 12, Positano • Sentier côtier vers la plage de Fornillo • 089 875794 • www.loguarracinopositano.it • Avr.-oct. : t.l.j. 12h30-15h30 et 16h30-22h30 (23h30 en été) • Pâtes : 12-28 €; poisson : 12-30 €.

Wine-Dark House

Poisson

113 Plan p. 180

Cette jolie maison cubique rouge-brun, en contrebas du Duomo de Positano, tourne le dos au front de mer, comme un pied de nez à l'effervescence touristique. En cuisine pourtant, c'est toute la mer qui déferle : risotto de fruits de mer (20 €), *fritto misto* du jour (22 €), *zuppa di cozze* (soupe de moules : 12 €), *spaghetti alle alici* (aux anchois frais : 12 €), etc. Une cuisine savoureuse à déguster sur la petite terrasse ombragée. Le plus : une belle carte des vins.

Via del Saracino, 6/8, Positano • ☎ 081 811925 • Mer.-lun. 12h30-15h et 19h-22h • Plats : 12-22 €.

Il Tari

Locale contemporaine

114

Du poisson, des palourdes, des pâtes, des légumes du potager, des citrons parfumés… les ingrédients qui composent la cuisine de ce restaurant contemporain sont bien enracinés dans le terroir amalfitain. On se rappellera longtemps du risotto aux crustacés crus et cuits, aux saveurs délicatissimes, arrosé d'un verre de *coda di volpe*, un vin blanc cultivé dans la région. Le tout dans une salle voûtée décorée au goût d'aujourd'hui – lumière douce, banquettes confortables et fleurs fraîches.

Via Pietro Capuano, 9/11 • Amalfi • ☎ +39089 871832 • Jeu-mardi midi et soir, reste ouvert en hiver.

Wine-Dark House

Bars, clubs Sorties

Masanlello Art Cafè

Bar de nuit 41 Plan p. 180

L'un des seuls bars d'Amalfi vraiment animé en soirée. Au programme ? Une petite terrasse assez tranquille, un long bar installé dans les antiques murailles de la République maritime et de la musique à plein volume. C'est ici que la jeunesse d'Amalfi a ses habitudes, à laquelle se mêlent joyeusement touristes et visiteurs.

Largo Cesareo Console, 7, Amalfi • 089 871929 • www.masanielloartcafe.it • T.l.j. 9h-3h.

Villa Maria

Bar 42 Plan p. 180

Dans le genre chic et romantique, il y a le bar du luxueux hôtel Villa Maria, parfait pour un cocktail à la tombée du jour. De la terrasse en belvédère, le regard embrasse toute la vallée du Dragon, qui s'étage en vergers jusqu'à la mer... La carte affiche une grande sélection de cocktails non alcoolisés à base de jus de fruits frais pressés à la commande, et bien sûr des cocktails classiques, dont un surprenant spritz au limoncello d'Amalfi (10 €).

Hôtel Villa Maria, via Santa Chiara, 2, Ravello • 089 857255 • www.villamaria.it • T.l.j. 10h-23h • Cocktails : 8-10 €.

Le Fioriere

Bar 43 Plan p. 180

Dans la catégorie « bar avec vue imprenable », Le Fioriere remporte la palme. De la terrasse de l'hôtel, en belvédère au-dessus de la mer, c'est toute la baie de Positano que l'on embrasse du regard. À la nuit tombante, la mer, le ciel et la côte s'estompent dans un dégradé magique de bleu et de gris, et la terrasse prend alors des airs de radeau à la dérive éclairé par la lumière vacillante des lanternes de son équipage. Ajoutez à cela des cocktails somptueux accompagnés de tapas de la mer haut de gamme, et vous avez là l'un des lieux les plus enchanteurs de la côte.

Via G. Capriglione, 138, Praiano • 089 874203 • www.lefioriere.it • T.l.j. 18h-minuit • Cocktails : 10-15 €.

Buca di Bacco

Bar 44 Plan p. 180

Sous une grande pergola, la terrasse de Buca di Bacco est idéale pour un apéritif face à la mer, les pieds à quelques mètres du sable gris de la Spiaggia Grande... À condition toutefois de ne pas craindre la foule de touristes, qui vient ici déguster de délicieux cocktails à base d'asti spumante (10 €), des spritz (8 €) et des Martini-dry façon Ernest Hemingway. On peut aussi commander son verre directement au bar et le siroter sur de hauts tabourets près de la plage, et poursuivre la soirée à la table réputée du restaurant à l'étage.

Via del Brigantino, 35, Positano • ☎ 089 812076 • www.bucadibaccolapergola.com • www.bucapositano.it • T.l.j. 11h45-22h30.

Music on the Rocks

Club 45 Plan p. 180

À l'extrémité est de la Spiaggia Grande, creusé dans les entrailles de la falaise, Music on the Rocks est le club le plus célèbre de toute la côte amalfitaine. Lumières bleues et roses, fauteuils blancs, boules disco géantes... c'est le royaume de la frime et de la fête, où les *beautiful people* se pressent pour des concerts, des soirées à thème et des sessions DJ jusqu'au bout de la nuit.

Via Grotte dell'Incanto, 51, Spiaggia Grande, Positano • ☎ 089 875874 • www.musicontherocks.it • Avr.-oct. : t.l.j. 23h-5h • Résa conseillée juil.-août • Entrée gratuite, 1 conso obligatoire (10 €).

Babel Wine Bar Deli & Art

Africana Famous Club

Club 46 Plan p. 180

C'est l'une des boîtes les plus réputées de la *Costiera*, avec son ambiance chic et son style paillettes. Amateur de lieux underground, passez votre chemin ! Installé dans une grotte de près de 800 m² creusée dans la roche et perchée au-dessus de la mer, ce club propose de grandes fêtes tous les soirs d'été et les week-ends hors saison. Les soirées à thème alternent avec les mix de DJ internationaux ou les shows divers. Musique très généraliste et prix élevés.

Via Terramare, 2, Praiano • ☎ 089 874858 • www.africanafamousclub.com • En été : dim.-jeu. 21h-3h, ven.-sam. 21h-5h; le reste de l'année : ven.-sam. 21h-5h; consultez leur page Facebook pour connaître la programmation • Entrée : 15-25 € • Service de navettes sur toute la côte, voiturier et yacht • F. temporairement.

Babel Wine Bar Deli & Art

Bar à vins 47 Plan p. 180

Bar à vins, bistrot et galerie d'art, Babel cultive sa différence dans une Ravello parfois aussi lisse que ses vieilles pierres. Nicola Esposito a le goût des belles et des bonnes choses, de la céramique d'art signée par quelques grands noms italiens – on aime beaucoup les ânes multicolores de Sasà Sorrentino et les jarres de Bruno Gambone – et des grands vins de Campanie, comme le Getis de Costa d'Amalfi ou le Calpazio de Salerne, des petites productions à découvrir en musique !

Via Santissima Trinità, 13, Ravello • 089 8586215 • T.l.j. 11h30-15h30 et 18h30-22h • Vin au verre : 4-6 €.

Hôtels B&B

Hotel Floridiana

Hôtel chic

Des chambres spacieuses et confortables dans un palais du XIIe s. Le salon, avec ses fresques 1800 et son mobilier baroque et design, vaut à lui seul le séjour.

Via Brancia, 1, Amalfi • 089 8736373 • www.hotelfloridiana.it • De 140 à 190 €.

Residenza Luce

Hôtel

À quelques pas de la cathédrale d'Amalfi, 10 jolies chambres décorées de la belle faïence de Vietri sul Mare. Espace, lumière et confort.

Via Frà Gerardo Sasso, 4, Amalfi • 089 871537 • www.residenzaluce.it • De 85 à 180 €.

Shopping Cadeaux

Antica Sartoria by Giacomo Cinque

Plage 58 Plan p. 180

Digne représentante de la *Moda Positano*, c'est LA grande enseigne de vêtements de plage de la côte amalfitaine. Du coloré, des coupes larges, des motifs marins ou floraux, des styles bohème ou hippie chic... On y trouve un large choix de chemisiers (à partir de 40 €), de robes (65 €), de foulards (8 €), des sacs de plage, des paréos ou des maillots – essentiellement pour femme.

Piazza dei Mulini, Positano • 089 8122100 • www.anticasartoriapositano.it • T.l.j. 9h-minuit.

RANDONNER SUR LA CÔTE AMALFITAINE

Baignée de soleil, bordée par la mer, la côte Amalfitaine est un vrai paradis qu'il est bon d'explorer lentement, sur ses chemins de randonnée. Voici quatre balades à tester, sans oublier de bien se chausser et d'emporter sa gourde.

Valle delle Ferriere

Une randonnée magique vous attend dans la valle delle Ferriere (parfois appelée « valle dei Mulini »). Vous suivrez un sentier bien balisé qui traverse tout d'abord des plantations de citronniers, puis chemine le long d'un torrent rafraîchissant. La végétation, très dense, prend alors des airs de jungle tropicale. De nombreuses ruines émaillent le parcours, **vestiges des dizaines de moulins** qui étaient installés ici pour produire le célèbre papier d'Amalfi. Après environ 45 min de marche, vous arriverez à une jolie chute d'eau. Les plus courageux pourront continuer jusqu'à Pontone (comptez 3h env., retour possible en bus).

- **Départ depuis le Museo della Carta, en remontant la rue vers la montagne, puis parcours fléché.**

Le Sentier des Dieux

Sentiero di San Domenico

Entre la montagne et la mer, les rues en escalier s'éloignent du centre de Praiano pour grimper vers le couvent de San Domenico. De petites maisons jalonnent le sentier, que les habitants ont aussi l'habitude de parcourir. Une vingtaine de minutes de grimpette et vous voilà sur le parvis du couvent de San Domenico, dressé au milieu des potagers, face à la mer.

Départ du centre de Praiano, A/R environ 1 h – 450 m de dénivelé – facile.

Sentiero degli Dei

Le plus célèbre des sentiers de la *costiera* est aussi le plus spectaculaire ! Tout au long de la balade, la vue est vertigineuse sur la mer et la péninsule sorrentine. Dans les champs en terrasses, on croise ânes, cochons et chèvres broutant dans un paysage idyllique. Vous pourrez suivre le sentier jusqu'à Positano, ou bien choisir de faire une boucle en suivant l'anneau supérieur. Attention, le sentier est très fréquenté en été et n'est pas adapté aux jeunes enfants ou aux personnes souffrant de vertige.

Départ de Bomerano – A/R 5 h – dénivelé 600 m – difficulté moyenne.

Sentiero dei Limoni

Une balade facile dans les rues pavées qui mènent de Maiori à Minori, à travers le village de Torre. Tout au long du chemin, le regard porte à travers les *limonaia*,

Praiano

(les cultures de citrons), jusque sur la mer resplendissante au soleil. À l'arrivée, offrez vous une pause chez *Sal de Riso*, adresse renommée pour ses *Delizia al limone*, une pâtisserie crémeuse préparée avec la variété typique de la côte amalfitaine, surnommée *sfusato*.

Départ de Maiori, 9 km – 5 h – dénivelé 410 m – facile.

ORGANISER SON WEEK-END

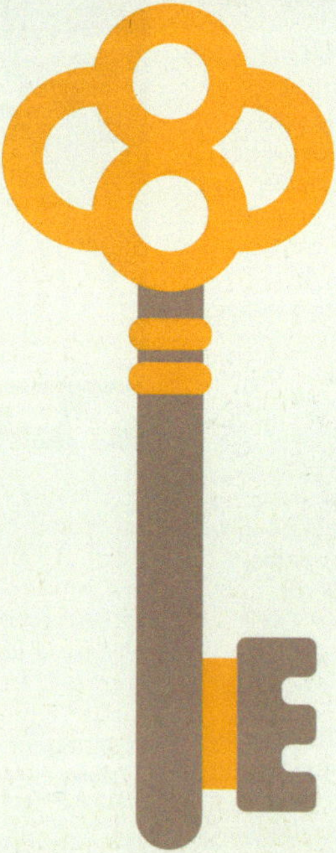

APOLI
TALY

L'ESSENTIEL

Quand partir ?

- Le **printemps** et l'**automne** sont les plus belles saisons pour profiter de Naples. Les **bains de mer** sont possibles de mai à fin octobre.
- En **juillet** et en **août,** la température est un peu étouffante, et les plages sont bondées !
- **Mai** est un mois intéressant, notamment pour profiter de l'opération **« Mai des monuments »** : tous les monuments de la ville sont ouverts gratuitement pendant le week-end (p. 210).
- **Décembre** est un merveilleux moment pour découvrir une cité tout entière occupée aux préparatifs de Noël, à l'installation des crèches, des santons et à la préparation des pâtisseries.

Formalités

Pour les **ressortissants de l'UE**, une **carte d'identité** ou un **passeport** en cours de validité suffit.

Comment y aller ?

De Paris (Paris-Charles-de-Gaulle et Paris-Orly), il existe des vols réguliers quotidiens avec **Air France**, **Transavia** et **EasyJet**. Ces trois compagnies proposent également des départs depuis de grandes villes de province. Les offres promotionnelles sont fréquentes, consultez leur site Internet.

Volotea programme 1 à 2 vols/sem. vers Naples d'avril à octobre au départ de Bordeaux, Marseille, Nantes et Toulouse.

Budget

La vie à Naples est moins chère qu'en France ou que dans le centre et le nord de l'Italie. En revanche, les hébergements en ville peuvent être chers, et ceux sur les îles et la côte amalfitaine sont souvent très chers.

Dans quel quartier se loger ?

Si vous aimez l'effervescence de la vie napolitaine, on vous

À savoir

Les enfants mineurs doivent posséder leur propre carte d'identité ou passeport. S'ils ne sont pas accompagnés de leurs parents, une autorisation de sortie du territoire est nécessaire. Formulaire à télécharger sur : **www.service-public.fr/particuliers/vosdroits/F1359**

conseille de choisir le **centre historique**, de cette façon vous pourrez tout faire (ou presque) à pied. Pour le calme et la contemplation du golfe, préférez la **ville haute** (corso Vittorio Emanuele ou encore le quartier de Posillipo) ou les luxueux hôtels du **front de mer**, face au Castel dell'Ovo, avec le Vésuve pour exceptionnelle toile de fond.

Se renseigner

- **www.incampania.com** : cet excellent site en italien et en anglais offre un panorama complet des expositions, concerts et spectacles de toute la région.
- Sur place, le mensuel gratuit *Qui Napoli* devrait être le meilleur compagnon de votre séjour, il offre mille informations en italien et en anglais. Pour le consulter avant le départ, il est disponible sur **www.inaples.it**
- **Office national italien de tourisme (ENIT)**

Bureau f. temporairement au public : lun.-ven. 11h-16h45 ; pour les demandes d'information par mail : infoitalie.paris@enit.it, par courrier au 23, rue de la paix, 75002 Paris.

Adresses

Sachez que la via Toledo (C3-4) est couramment appelée par son ancien nom, via Roma, et que les Napolitains ont coutume de surnommer le corso Umberto I « Rettifilo ». Prenez votre mal en patience pour déceler la logique de la numérotation des rues, souvent fantaisiste.

Combien ça coûte ?

Ticket de métro : 1,50 €
Course en taxi dans le centre : 10 €
Entrée dans un musée : 5-15 €
Déjeuner sur le pouce : 3,50-10 €
Pizza : 4-10 €
Café au comptoir : 0,70-1 €
Entrée dans un club : 10-40 €
Repas dans un restaurant : 15-45 €

Retirer de l'argent

- Attention, de nombreux commerces et restaurants n'acceptent que des espèces, même si ils ont un terminal de carte bleue.
- L'Italie étant un pays de la zone euro, vous pouvez y effectuer retraits et paiements par carte aux mêmes conditions tarifaires qu'en France (pas de commission pour les banques).

Pourboire

Le pourboire est facultatif et bienvenu.

Téléphoner

- Pour **appeler à Naples depuis la France** : 00 39 + numéro de votre correspondant avec le 0.
- Pour **téléphoner en France depuis Naples** : 00 33 + numéro de votre correspondant sans le 0.
- Les frais d'itinérance *(roaming)* ne sont plus facturés par votre opérateur lors de vos voyages au sein de l'Union européenne. Vos communications et votre connexion Internet en Italie sont désormais incluses dans votre forfait. Renseignez-vous auprès de votre opérateur.
- **Pompiers, police, ambulance :** 112 (carabinieri), 113 (police), 118 (ambulance), 115 (pompiers).

Arriver à Naples

L'aéroport de Capodichino se trouve à 6 km au N. du centre-ville.

Rejoindre le centre-ville en...	Prix	Durée
Bus **Alibus** Départ devant le hall des arrivées www.anm.it	5 €	Départ toutes les 20 min t.l.j. 6h25-minuit. Durée du trajet : 15 min (Piazza Garibaldi) et 20 min (Molo Beverello).
Taxi Les taxis sont à l'extérieur du hall d'arrivée. Évitez les faux taxis, qui eux vous attendent dans le hall.	16-23 €, selon l'adresse ; 0,50 € par bagage ; 4 € ou 5,50 € selon l'heure de prise en charge.	L'aéroport est dans la ville, les trajets sont souvent brefs, mais cela dépend de la circulation, qui peut être intense.

Se déplacer dans Naples

Le plan des transports est au verso de notre plan détachable

Dans le centre de Naples, il est conseillé de circuler à pied et d'utiliser les transports en commun. Réservez l'usage de la voiture à la découverte des environs.

Les transports en commun

La société **ANM** gère deux lignes de métro, le funiculaire, le bus et le tramway.

800 639525 (n° vert 6h30-20h30), www.anm.it

La ligne de métro historique de la ville (ligne 2), qui circule sur les rails des chemins de fer, est gérée par les **Ferrovie dello Stato**.

www.ferroviedellostato.it

Le métro et le funiculaire

Naples compte trois lignes de métro qui couvrent tout le centre-ville (les lignes 1, 2 et 6 ; t.l.j. 6h-23h) et quatre lignes de funiculaire : le **central**, **celui de Montesanto** et **celui de Chiaia** – qui mènent au quartier du Vomero, au Castel Sant'Elmo, à la Certosa di San Martino et à la Villa Floridiana – et le **funiculaire de Mergellina,** qui relie le petit port de plaisance de Mergellina à la via Manzoni.

800 639525 (n° vert 6h30-20h), www.anm.it

Les bus et Les tramways

De nombreuses lignes de bus circulent dans la ville (t.l.j. 5h-23h) ainsi que trois lignes de tramways qui longent la mer. À l'heure où nous rédigeons ce guide, la circulation des tramways est suspendue à cause de travaux de rénovation des rails.

Les **bus nocturnes** (minuit-4h50) sont signalés par un N. Un seul à retenir, le **N3** : il permet de rejoindre le quartier du Vomero depuis la piazza Garibaldi via le corso Umberto I, la via Monteoliveto, la piazza Dante et la piazza Museo Nazionale.

Le taxi

Le taxi est plutôt **bon marché** à Naples. Les tarifs doivent être affichés à l'intérieur des voitures (en italien et en anglais). Vérifiez qu'ils sont indiqués sur le dossier des sièges avant ! Ce n'est pas un hasard si ceux qui les laissent à l'avant ont tendance à arrondir le prix de la course… N'hésitez pas à contester la somme. La prise en charge s'établit à 3 € le jour (7h-22h) et à 5,50 € la nuit (22h-7h). Pour le reste, il suffit d'ajouter au prix affiché les suppléments réglementaires : bagage 0,50 €, depuis l'aéroport 4 € (5,50 € de 22h à 7h), à destination de l'aéroport 2,60 € et paiement bretelle périphérique 1 €. Pour les radio-taxis, ajoutez 1 € au prix de la course.

Cotana : 081 5707070.

Napoli : 081 5564444.

Partenope : 081 5560202.

La voiture

Circuler dans Naples avec une voiture est **fortement déconseillé**. La ville est très embouteillée et la conduite à la napolitaine est un facteur de risque. Si vous décidez de conduire, ne vous laissez pas gagner par l'ambiance général de non-respect du Code de la route.

Titres de transport mode d'emploi	
TIC Ticket (90 min)	Il permet de voyager sur les réseaux de bus, tramways, funiculaires et métros : 1,50 €.
TIC Ticket (24h)	Même principe : 4,50 €.
TIC Ticket (1 semaine)	Même principe : 16 €.

Le vélo

Envie d'une balade à vélo ? vous trouverez modèles traditionnels et électriques chez **Bicycle House,** la boutique située sous la verrière de la Galleria Principe. Balades en autonomie ou visites guidées thématiques disponibles. Faire une balade à vélo le long du front de mer à Naples est très agréable mais **il n'existe plus de loueur sur place.** Attention il n'est pas facile – voire dangereux – de rejoindre le front de mer en traversant Naples.

Bicycle House

Galleria Principe di Napoli, 27/28 • Lun-ven 10h-19h et samedi 10h-14h •

☏ 39 3313374130 • bicyclehouse.eu

• Tarifs : 5€ pour 1h, 20€ la journée (30€ pour un vélo électrique).

Les environs de Naples

La voiture

Pour découvrir les environs de Naples, la location de voiture peut être une option, bien que la circulation soit plutôt dense ! Pour éviter les embouteillages partez avant 8h ou après 11h, évitez le vendredi et le samedi soir, et ne vous précipitez pas sur la côte le dimanche...

Les trains

Il existe trois types de train : le *circumvesuviana,* qui dessert les villes autour du Vésuve et de la côte sorrentine ; le *circumflegrea,* qui se rend vers Cuma et les villes de l'arrière-pays, et le *cumana* ; qui se rend du côté de Pozzuoli. Le train *accelerato*, un omnibus, est le plus lent de tous ; mieux vaut donc choisir un *diretto* ou un *direttissimo.* Les trains fonctionnent t.l.j. de 5h à 21h40.

Rens. et horaires : www.eavsrl.it

En bateau

Pour les **îles** ou **Sorrento,** vous avez le choix entre l'*aliscafo* ou le *traghetto.* . Ils partent tous du **port de Molo Beverello** (Plan D4), et certains *traghetti* de **Calata**

Porta di Massa (Plan E3-4). Le **port de Mergellina** (Plan B5) est spécialisé dans les *aliscafi*, et celui **de Pozzuoli** dans les *traghetti* pour Ischia et Procida. Les réservations se font sur place ou sur Internet. Le week-end en été, mieux vaut réserver à l'avance. Les *aliscafi* peuvent facturer un supplément pour les bagages (2 €).

Horaires sur www.aliscafi.it • **Alilauro :** *081 4972238* • *www.alilauro.it* • **Caremar :** *081 18966690* • *www.caremar.it* • **Snav :** *081 4285555* • *www.snav.it*

Kayak

Pour mieux admirer la côte du golfe de Naples, prenez le large à coups de pagaie. Rendez-vous à la Baia delle Rocce Verdi ou au Bagno Sirena.

Via Posillipo, 68 ou 357 • 331 9874271 (portable) • www.kayaknapoli.com (HP par A5) • T.l.j. 9h-19h • de 10 € à 20 €.

Se baigner

Tout le long de la côte amalfitaine et de la pénisule sorrentine, vous trouverez des plages privées et publiques : sachez que sur les îles, la plupart des plages sont gérées par des établissements privés sauf à Procida, où les plages publiques sont plus nombreuses. À Capri, les sociétés privées offrent des services payants assez chers à la journée ou à la demi-journée. L'une des rares **plages publiques** de Capri se situe à Marina Piccola : à dr. de l'entrée du Stabilimento Balneare Bagni Internazionali, empruntez l'escalier jusqu'à une petite plage de galets.

La Reggia di Caserta

Inscrits au patrimoine mondial de l'Unesco depuis 1997, le palais royal de Caserte et son parc ont été conçus au XVIIIe s. par le célèbre architecte napolitain Luigi Vanvitelli à la demande de Charles III de Bourbon. Ce somptueux palais est une fusion idéale et originale du château de Versailles et du palais de l'Escorial de Madrid. Parfait exemple de jardin à l'italienne, le parc magnifie la splendeur et la majesté du palais royal avec ses immenses pelouses, ses parterres géométriques et surtout ses spectaculaires jeux d'eau. Véritable triomphe du Baroque italien, la Reggia di Caserta est aujourd'hui une destination prisée par des milliers de touristes.

ITALIA.IT

encadré partenaire

On va où?	S'y rendre	Se déplacer
Ischia	◗ **En bateau** : les *aliscafi* partent du Molo Beverello ou de Mergellina (40 min ; 37 € A/R). Les *traghetti* partent de Calata Porta di Massa (1h30 ; 25 € A/R).	◗ **En voiture** ou **en scooter** : plusieurs loueurs à Ischia Porto. ◗ **En bus** : ils portent les lettres CD (circulation vers la droite) et CS (circulation vers la gauche). Placez-vous face à la mer : CD va dans le sens des aiguilles d'une montre, CS fait la route inverse. Les billets de la compagnie EAV s'achètent à la caisse (piazza Trieste et Trento à Ischia Porto) ou à bord (1,20 € à l'unité, 3,60 €/j.).
Procida	◗ **En bateau** : les *aliscafi* partent du Molo Beverello, (40 min ; 30 € A/R). Les *traghetti* partent de Calata Porta di Massa (1h ; 25 € A/R).	◗ **À vélo** ou en **scooter** : de nombreux loueurs autour du port. ◗ **En bus** : quatre lignes de la compagnie EAV partent du port et desservent l'île : L1, L2, C1 et C2. Les billets peuvent s'acheter à bord (1,20 € à l'unité, 3,60 €/j.).
Capri	◗ **En bateau** : depuis Naples (Molo Beverello), Sorrento, Positano et Amalfi. Bien que Positano et Sorrento soient plus proches de Capri que Naples, les tarifs varient très peu d'une ville à l'autre. De Naples, il vous faudra env. 45 min en *aliscafo* (17-21 € l'aller) et 1h20 en *traghetto* (13 € l'aller).	◗ **En funiculaire** : à g. du débarcadère de Marina Grande, le meilleur moyen pour rejoindre Capri (t.l.j. 6h30-23h ; 2 €). ◗ **À pied** : empruntez le chemin à 100 m à g. du funiculaire, remontez la place qui part de la via Cristoforo Colombo, puis tournez à g. dans la via Truglio, jusqu'à la piazza Umberto I (comptez env. 20 min). ◗ **En bus orange** : les billets de la compagnie ATC s'achètent à bord (2 €) ou à la caisse de la via Roma (6 €/j., funiculaire inclus). ◗ **En scooter** : loueurs autour du débarcadère de Marina Grande.

On va où?	S'y rendre	Se déplacer
Péninsule de Sorrento et côte amalfitaine	◗ **En train** : prenez le *circum-vesuviana* depuis la gare de Piazza Garibaldi (ttes les 30 min ; trajet 55 min ; 15 € A/R). Pour rejoindre ensuite la côte amalfitaine, vous pouvez emprunter un bus de la compagnie Sita (voir ci-dessous). ◗ **En bateau** : embarquement au Molo Beverello sur un *aliscafo* (p. 198 ; 40 min). ◗ **En voiture** : accès par l'A3 Naples-Salerne. **Pour Sorrento et Positano** : sortie Castellammare di Stabia, puis la SS145 jusqu'à Sorrento (50 km, env. 1h15) ou, à l'entrée de Piano di Sorrento, la SS163 à g. pour Positano (64 km, env. 1h45). **Pour Amalfi et Ravello** : sortie Angri sur l'A3 ; après le péage, prenez à g. la SP122 sur 2,5 km, puis à dr. direction « Costiera amalfitana » jusqu'à Ravello (55 km, env. 1h15) et Amalfi (71 km, 1h30).	◗ **En bus** : depuis la gare ferroviaire de Sorrento, les **bus** de la compagnie Sita rallient Amalfi en 1h40 via Positano (50 min) et la grotta dello Smeraldo (1h25). Pour les voyageurs sans véhicule, c'est le seul moyen de rejoindre les sites touristiques principaux : **Sorrento, Positano, Amalfi, Ravello, Praiano, Minori, Maiori** et **Salerne.** Le billet Unico Costiera permet une utilisation illimitée des bus Sita Sud de la côte pour 1 ou 3 j.(7,60/18 € ; t.l.j. 6h30-22h, ttes les 30 min env, www.sitasudtrasporti.it).

On va où ?	S'y rendre	Se déplacer
	◗ **En bus** : depuis Piazza Garibaldi, ceux de la compagnie Sita Sud desservent la péninsule de Sorrento et la côte amalfitaine jusqu'à Salerne. Les bus sont fréquents, mais peuvent être pris d'assaut.	◗ **En voiture :** il est très difficile de s'arrêter et de se garer. Les rares parkings sont hors de prix ! La SS163 qui serpente le long de la côte amalfitaine est tortueuse, la vitesse limitée, et les temps de déplacement disproportionnés au regard de la distance. Comptez près de 1h pour parcourir les 18,5 km qui séparent Positano d'Amalfi !

On va où ?	S'y rendre
Champs Phlégréens	◗ **En voiture :** rejoignez l'A56 (le périphérique) et empruntez la sortie n° 14 Pozzuoli (40 min), puis suivez Bacoli jusqu'à Torregaveta (50 min env.). ◗ **En train :** prenez le *cumana* et le *circumflegrea* au départ de la gare Montesanto (Plan D3). Le premier dessert les champs Phlégréens et le second relie les villes de l'arrière-pays jusqu'à Cuma (trains ttes les 10-20 min, de 5h20 à 21h40 env.).
Pompéi	◗ **En voiture :** empruntez l'A3 en direction de Salerne et prenez la sortie Pompéi (35 min). ◗ **En train :** prenez le *circumvesuviana au* départ de Piazza Garibaldi (Plan F2) ttes les 20-30 min (arrêt Pompéi Scavi ; 30 min ; 3,10 €).
Herculanum et le Vésuve	◗ **En voiture :** empruntez l'A3 en direction de Salerne jusqu'à Herculanum (env. 20 min). **Pour le Vésuve :** à la sortie de l'A3, prenez à g. la via Cupa Monti sur 1,3 km, puis tournez à dr. sur la via Vesuvio, puis à dr. au rond-point dir. « Vesuvio ». ◗ **En train :** prenez le *circumvesuviana* au départ de Piazza Garibaldi (Plan F2) toutes les 15-30 min (arrêt Ercolano Scavi ; 20 min ; 1,50 €) une fois sur place, en sortant de la gare sur la gauche, vous trouverez le **bus Vesuvio Express,** qui vous mènera au volcan (9h40-15h, 20 € A/R).

Infos touristiques / Visite

Offices de tourisme

Azienda Autonoma di Soggiorno, Cura e Turismo est le réseau des offices de tourisme en Italie.

À Naples

Palazzo Reale, piazza Plebiscito, 1 (Plan D4) • 081 2525711.

Piazza del Gesù Nuovo, 7 (Plan G8) • 081 5512701.

Stazione centrale, Piazza Garibaldi (Plan F2), face à la voie 20.

À Pompéi

Via Sacra, 1, Pompéi • 081 8508451.

À Capri

Piazza Umberto I • 081 8370686 • www.capritourism.com • Nov.-mars : lun.-ven. 8h30-16h15; avr.-oct. : lun.-sam. 8h30-16h15, dim. 9h30-17h30.

À Sorrento

Via Luigi de Maio, 35, Sorrento • 081 8074033.

Musées et monuments

Billetteries et horaires

Les horaires de fermeture des billetteries sont parfois différents des horaires indiqués dans ce guide (1h avant la fermeture du site). Pensez à vous renseigner. Les musées sont généralement fermés les lundis ou mardis. Certains d'entre eux n'acceptent pas les cartes bancaires.

Campania Artecard

La **Campania Artecard** propose durant 3 ou 7 j. la gratuité des transports publics urbains et l'accès gratuit ou à tarifs préférentiels à

Naples gratuite et insolite

· En dehors du **Maggio dei Monumenti** (p. 210), la **Settimana delle Culture** (mi-avr., 9 jours) et les **Journées européennes du patrimoine** (3e w.-e. de sept.) permettent de découvrir gratuitement musées et monuments nationaux ou municipaux. Ajoutez à cela la gratuité **chaque 1er dimanche du mois** dans tous les monuments nationaux.

· La **Notte dei Musei** permet de visiter gratuitement (certains à 1 €) et en nocturne les principaux établissements de la ville le 2e w.-e. de mai. **800 991199 (n° vert, en anglais, 9h-19h) · www.beniculturali.it**

· L'**Institut Goethe** organise toute l'année expos et concerts gratuits dans divers lieux de la ville. **Centro Culturale Tedesco, Palazzo Sessa, via Santa Maria a Cappella Vecchia, 31 (Plan C-D5) · 081 7648098 · www.goethe.de**

· Le **MADRE** (p. 24) ouvre gratuitement ses portes à tous, toute la journée, le **1er dim. du mois**.

encadré partenaire

Procida

Le cadre est magique. Une fois le ferry à quai, vous tomberez sous le charme de ses ruelles étroites qui sentent le sel et mènent au petit village de pêcheurs de la Corricella ou au belvédère de Callìa, à la vue imprenable sur le Golfe de Naples et Capri au loin. En 2022, le titre convoité de Capitale Italienne de la Culture a été attribué à Procida. Belle récompense pour la petite île vivante et colorée déjà chantée par Lamartine ou racontée par Elsa Morante dans son roman *L'Île d'Arturo*, et qui servit de décor naturel aux films *Le Facteur* et *Le Talentueux M. Ripley*. À votre tour de vous laisser séduire par Procida.

ITALIA.IT

tous les sites majeurs de Naples et de la région, en fonction d'itinéraires culturels prédéfinis (3 j. 25 € pour Naples et 33 € pour la région ; 7 j. 34 € pour la région). La **San Gennaro Card** (14 € ; sans transports) permet l'accès gratuit aux sites majeurs en lien avec le patron de Naples. Renseignements, sites accessibles et achat sur : **www.campaniartecard.it**

L'art dans le métro

Les travaux effectués dans le réseau du métro ces dernières années ont été l'occasion de donner une place de choix à l'**art contemporain**. En effet, plusieurs stations accueillent des créations d'artistes : mosaïques illuminées, fresques, néons arty signés notamment William Kentridge ou Oscar Tusquets Blanca. Le **samedi matin**, une visite guidée de 1h30 vous conduira de station en station (5 €). Départ 10h station Toledo, arrivée à la station Università.

infoarte@anm.it

Visites guidées

Des associations proposent des visites guidées à thème. Les plus importantes sont spécialisées dans les visites du sous-sol napolitain.

Napoli Sotterranea

081 296944 ou 334 3662841 (mob.) • www.napolisotterranea.org.

LAES (Libera Associazione Escursionisti Sottosuolo)

081 400256 ou 333 9729875 • www.lanapolisotterranea.it.

Catacombe di Napoli

Via Tondo di Capodimonte, 13 • ☏ 081 7443714 • www.catacombedinapoli.it.
Pour visiter les catacombes de San Gennaro et de San Gaudioso et le cimetière des Fontanelle (p. 67).

Musique classique à Sorrento et sur la côte amalfitaine

Ravello est l'un des plus beaux villages de la région. Wagner y puisa l'inspiration pour *Parsifal*. En souvenir du compositeur, Ravello organise des concerts de musique classique toute l'année dans les jardins de la Villa Rufolo, où il séjourna. En outre, un **festival** se tient en juillet-août, faisant appel à des artistes prestigieux.

Dormir à Naples

B&B

L'offre importante de **B&B** permet de séjourner dans le centre dans de bonnes conditions de confort et de prix (80 €, petit déjeuner inclus). Contrairement à ce qu'on peut imaginer, on séjourne rarement chez l'habitant, mais plutôt dans un appartement dont les chambres sont louées individuellement, l'hôte se montrant à votre arrivée et le matin pour le petit déjeuner. Pour vivre comme un Napolitain, vous pouvez

Concerts en dehors du centre

Palapartenope

Concerts 49 Hors pl. par A5

Cette tente qui ressemble à un chapiteau de cirque peut accueillir 3 300 personnes assises et plus de 7 500 debout. À l'écart de la ville, à côté du parc de jeux Edenlandia, à Fuorigrotta, c'est là que se déroulent en général les concerts à grande échelle et que les stars de la chanson italienne et internationale viennent se produire. Seul hic, il faut une voiture pour s'y rendre.

Via Barbagallo, 115 • M° Campi Flegrei • ☏ 081 5700008 • www.palapartenope.it

Officina 99

Concerts 50 Hors pl. par F2

C'est le plus ancien et le plus dynamique des centres sociaux occupés qui existent dans la ville. Situé dans la zone industrielle orientale, accessible en métro, ce local autogéré est un peu la vitrine de la création culturelle locale. De nombreux groupes locaux, inconnus ou confirmés, s'y produisent.

Via Emanuele Gianturco, 101 • M° Gianturco • www.officina99.org • Ouv. le soir à l'occasion de concerts ou de manifestations.

passer par les sites de location d'appartements Airbnb ou Abritel.

Agriturismo

Si vous rêvez de vivre quelques jours au milieu des citronniers, des vignes et des oliviers tout en découvrant les secrets de fabrication de l'huile d'olive ou du limoncello, orientez-vous vers les séjours touristiques à la ferme. Rangés sous l'appellation « agriturismo », ces établissements offrent un confort standard, misant plutôt sur leurs petits prix (80 € la nuit en haute saison, petit déj. inclus), l'authenticité de l'expérience et la découverte d'une cuisine locale savoureuse. Pour vous y retrouver dans le maquis de l'agrotourisme et éviter les mauvaises surprises, consultez : ***www.agriturismo.it***

Où manger ?

La cuisine

Naples est une escale gastronomique incontournable. La pizza napolitaine, entrée en décembre 2017 au patrimoine mondial de l'Unesco, est divine, et la *margherita* a la faveur des Napolitains. L'association **Vera Pizza Napoletana** (p. 29) regroupe des adresses respectant des règles strictes, identifiables à leur enseigne vert, blanc et rouge. Parmi les plats typiques on trouve la *pasta e fagioli*, avec des haricots blancs, ou la *carne al ragù*, plat de viande mijotée. Côté sucré, les délices abondent : baba et *sfogliatelle* notamment.

Horaires

Rythme méditerranéen oblige, **les Napolitains déjeunent entre 13h30 et 14h30 et dînent vers 21h-22h,** mais il est toujours possible de se faire servir plus tôt dans les pizzerias et les trattorias. Les vendredis et samedis soir, mieux vaut d'ailleurs anticiper sur ces horaires pour éviter l'attente, les réservations n'étant pas fréquentes. Nombreux sont les restaurants fermés le dimanche et en août.

Prix/budget

Côté prix, on peut manger une pizza et une boisson pour 8 € ou débourser 20 € pour un repas à la

Jours fériés

- 1er janvier
- 6 janvier *(Épiphanie)*
- Lundi de Pâques *(mars ou avril)*
- 25 avril *(fête nationale)*
- 1er mai
- 2 juin *(fête de la République)*
- 15 août
- 19 septembre *(San Gennaro, patron de la ville)*
- 1er novembre
- 8 décembre
- 25 et 26 décembre

Acheter du vin

LES BLANCS

- **Lacryma-christi :** vous le reconnaîtrez à sa couleur jaune paille et à son parfum fin et délicat, sec et corsé en bouche avec un arrière-goût acidulé. À boire à une température de 12 °C.
- **Fiano di Avellino :** sa saveur sèche et élégante se marie avec tous les plats à base de poisson. À servir frais (8 °C).
- **Greco di Tufo :** l'un des plus anciens vignobles d'Italie. C'est un vin idéal pour les crustacés et les fritures de poisson, mais aussi un excellent apéritif s'il est servi frais.
- **Falanghina dei Campi Flegrei :** c'est un vin sec, harmonieux et fruité, à boire à une température de 10 °C.

LES ROUGES

- **Taurasi :** voilà sans doute le meilleur vin rouge de Campanie, reconnaissable à sa couleur rubis intense. Son bouquet prononcé accompagne idéalement les viandes rouges. Servir à 18-20 °C.
- **Per'e Palummo :** le seul vin rouge d'Ischia. Chaud et parfumé en bouche avec des senteurs fruitées et un corps velouté, il met en valeur les viandes blanches ou rouges (18 °C).
- **Gragnano :** de couleur rouge grenat, il a un parfum de violette fanée et une saveur moelleuse. Légèrement pétillant, c'est un vin à boire avec de la viande blanche et même au dessert (14 °C).

carte dans une trattoria. Dans les restaurants de la côte, spécialistes du poisson, comptez 50 € par personne. Selon les adresses, il faudra parfois ajouter entre 1,50 et 4 € pour **le pain et le couvert.** Il n'y a pas vraiment de règle pour **le pourboire,** mais il sera toujours accepté volontiers.

Où sortir ?

Us et coutumes des Napolitains

Les Napolitains sortent tard, pendant la semaine, ils mangent chez eux et se retrouvent après ! On dîne avec les copains plutôt le vendredi et le samedi soir. Les étudiants se retrouvent souvent **piazza San Domenico Maggiore** avant d'aller boire des verres dans le quartier de l'Université. Dans le **centre historique,** profitez des nombreuses terrasses de la **piazza Bellini,** où les bars jouent à touche-touche : choisissez celui qui vous ressemble ! Du côté de **Chiaia,** autour de la **piazza dei Martiri** et dans les ruelles adjacentes, trinquez avec une clientèle bien mise, qui aime siroter des cocktails jusqu'au bout de la nuit… En été, direction le quartier de **Marechiaro** ou le promontoire du **Posillipo** pour boire un verre en bord de mer et profiter de la douceur nocturne.

Demander le programme

Les mélomanes assisteront aux concerts de l'**association Scarlatti et Santa Caterina di Siena** ou aux concerts de musique sacrée qui investissent les belles églises du centre de Naples (programmes dans les offices de tourisme, p. 203). Nombre de **festivals internationaux** de haut vol ont lieu sur la côte amalfitaine : concerts wagnériens à la **Villa Rufolo de Ravello** (p. 207) ou **Estate Musicale Sorrentina** dans le cloître San Francesco (ci-contre). Enfin, un bon moyen d'écouter de la musique gratuitement : **les clubs et cafés *musica dal vivo*.** Les quotidiens locaux *(Il Mattino)* et les pages napolitaines des quotidiens nationaux *(La Repubblica)* ou le mensuel gratuit *Quick* (disponibles en kiosques, dans les offices de tourisme ou les lieux culturels) regorgent d'informations sur l'actualité culturelle. Pour être toujours au courant, consultez le site **www.incampania.com**

Agenda culturel sur Internet

- www.incampania.com (rubrique « *Eventi* ») ;
- www.napoli.com ;
- www.comune.napoli.it (rubrique « *Turismo e Cultura* ») ;
- www.inaples.it (rubrique « *L'agenda del mese* »).

(✆ 089 858422, www.ravellofestival.com). À Sorrento, de juillet à septembre, dans le charmant cloître du monastère de San Francesco, se déroule tous les ans l'**Estate Musicale Sorrentina.** Au programme, concerts de musique classique et de jazz :www.sorrentoinfo.com (en anglais).

Prix/budget

Pour assister à un opéra ou à un ballet au théâtre San Carlo (p. 82), il vous en coûtera de 30 à 120 €. Les concerts dans les églises sont souvent peu chers et même parfois gratuits.

Où faire du shopping ?

Les quartiers

La **via Toledo,** en partie piétonne, concentre la plupart des **grandes marques internationales.** Dans le cœur historique, autour de **Spaccanapoli** et de la **via dei Tribunali**, vous trouverez **commerces de bouche, artisans** et **créateurs.** Les **boutiques de luxe** sont situées autour de la **piazza dei Martiri**. Pour les **antiquités**, cap sur la **via Morelli** et la **via Santa Maria di Costantinopoli.**

Horaires

Les commerces ouvrent généralement **du lundi au samedi** de 10h à 13h30 ou 14h et de 16h30 à 19h ou 20h. Ils ferment le **dimanche**, le **lundi matin en hiver** et le **samedi après-midi en été**, à l'exception des grandes chaînes. Les petites boutiques de la zone Spaccanapoli et de la via dei Tribunali sont fermées le samedi après-midi toute l'année. La plupart des commerces prennent leurs **congés en août**, entre deux semaines et un mois. **En mai et pendant les fêtes de Noël**, les magasins de San Gregorio Armeno et Spaccanapoli sont **ouverts le samedi et le dimanche.**

Prix/budget

Les **cartes de paiement** sont acceptées dans la plupart des boutiques. Sur place, vous verrez sur les vitrines des magasins l'acceptant un autocollant *Carta sì*. Cependant, les petits artisans préfèrent les règlements en espèces.

Contrefaçons

La vente d'articles de contrefaçon, faux articles de mode ou de luxe, est une pratique courante à Naples, notamment sur la **via Toledo** ou sur le **front de mer.** Ceux qui en achètent s'exposent à une amende de 10 000 € en Italie, et plus en France…

Tailles et pointures italiennes

Les tailles italiennes sont différentes des tailles françaises. Il faut ajouter 4 pour les vêtements (un 38 français équivaut à un 42 italien) et soustraire 1 pour les chaussures (un 39 français équivaut à un 38 italien).

Fêtes & festivals

Janvier

Befana

Le 6 janvier, jour de l'Épiphanie, après les feux d'artifice tirés de la piazza Plebiscito, la sorcière Befana se présente sur la place. Dans les stands installés pour l'occasion, on vend des balais comme celui de la sorcière et des cadeaux de la *Befana*.

Sant'Antonio Abate

Le 17 janvier, jour de la Sant'Antonio Abate, les Napolitains font un grand nettoyage. Ils entassent à l'extérieur toutes les choses dont ils ne veulent plus et qu'autrefois, ils brûlaient.

Février

Carnaval

Le carnaval de Naples a lieu durant la période précédant le mercredi des Cendres. Les enfants se déguisent et défilent dans les rues en lançant des confettis.

Avril

Settimana Santa (Semaine sainte)

La procession de Sorrento est l'une des plus impressionnantes : le Jeudi saint, des pénitents défilent à minuit en robes et chapeaux blancs. Le Vendredi saint, ils revêtent des costumes noirs pour commémorer la mort du Christ.

Mai

Maggio dei Monumenti (Mai des monuments)

Depuis 1994, de **Pâques à la fin mai**, concerts, spectacles de danse, expositions et conférences se déroulent dans les sites les plus prestigieux de la ville. C'est l'occasion de découvrir, à travers des itinéraires thématiques, des monuments et des collections privées habituellement fermés au public.

www.comune.napoli.it/maggiodeimonumenti 2021 (rubrique «Turismo e Cultura»).

San Gennaro

Le 1er dimanche de mai, date de la Translation des reliques, le sang de San Gennaro, patron de Naples, se liquéfie. Une procession part du Duomo, suivie par des milliers de fidèles.

Wine&Thecity

Quatre-vingts adresses du quartier de Chiaia, de la bijouterie à la galerie d'art, organisent vernissages, performances et apéritifs pour célébrer la culture du bon vin, de la mode, du design, de l'art et de la musique.

www.wineandthecity.it

Juin

Napoli Teatro Festival Italia

Grands classiques ou créations contemporaines, danse ou théâtre, les grands maîtres de la scène européenne se retrouvent à Naples chaque année. De théâtres traditionnels en musées, les spectacles sont partout durant trois semaines (en version originale surtitrée).

www.napoliteatro festival.it

Estate a Napoli

Le festival «Été à Naples» propose spectacles et films dans toute la ville.

www.comune.napoli.it

Juillet

Pozzuoli Jazz Festival

Début juillet, Pozzuoli accueille un fantastique festival de jazz. Sa particularité? Les concerts ont lieu au milieu des ruines antiques de la région. Unique!

www.pozzuolijazz festival.it

Festa della Madonna

Le 16 juillet, cette fête célèbre, sur la place du même nom, la sainte qui aurait sauvé du feu l'église del Carmine. La cérémonie débute

Infos Covid-19

Toutes les informations de ce guide ont été scrupuleusement actualisées. Néanmoins, compte tenu du contexte sanitaire, de nombreux sites sont amenés à restreindre leurs horaires d'ouverture, parfois à fermer l'accès à certaines salles ou à suspendre provisoirement démonstrations ou activités. Les consignes évoluent régulièrement. Nous vous recommandons de vérifier les horaires et conditions de visite de chaque lieu et adresse sur leur site internet ou leur page Facebook. Par ailleurs, de nombreux musées demandent de réserver la visite.

par l'Incendio, pendant lequel on met le feu à une structure en bois, et s'achève par un feu d'artifice.

Neapolis Live Festival

Ben Harper, Nick Cave, Massive Attack, etc. ce festival de rock programme les grands noms de la scène internationale sur un ancien site industriel de Bagnoli (2e w.-e.).

www.neapolis.it

Septembre

Festa di Piedigrotta

Ce festival (1re quinzaine du mois) est dédié à la Madone de l'église Santa Maria de Piedigrotta : messes, chansons, spectacles théâtraux et pyrotechniques.

Festival du film

Installé dans le Castel Sant'Elmo, ce festival célèbre, durant la seconde quinzaine du mois, le cinéma méditerranéen et européen, et donne un coup de projecteur sur les nouveaux talents italiens.

www.napolifilm festival.com

Notes personnelles

Notes personnelles

Notes personnelles

LEXIQUE

Formules et mots usuels

À droite : *a destra*
À gauche : *a sinistra*
Assez : *abbastanza*
Au revoir : *arrivederci*
Avez-vous ? : *ha ?*
Beaucoup : *molto*
Bonjour : *buongiorno*
C'est trop cher : *è troppo caro*
Combien coûte ? : *quanto costa ?*
Combien est-ce ? : *quant'è ?*
Excusez-moi : *scusi*
Fermé : *chiuso*
Je ne comprends pas : *non capisco*
Je vous en prie : *prego*
Madame : *signora*
Merci : *grazie*
Monsieur : *signore*
Non : *no*
Oui : *si*
Ouvert : *aperto*
Pourquoi ? : *perché ?*
Pouvez-vous me dire ? : *può dirmi ?*
Puis-je voir ? : *posso vedere ?*
Rien : *niente*
S'il vous plaît : *per favore*

À table

Fromage : *formaggio*
Fruits : *frutti*
Gâteau : *dolce*
Glace : *gelato*
Hors-d'œuvre : *antipasto*
L'addition, s'il vous plaît : *il conto, per favore*
Menu : *carta, lista*
Pain : *pane*
Pâtes : *pasta*
Poisson : *pesce*
Repas : *pranzo*
Salade : *insalata*
Sel : *sale*
Sucre : *zucchero*
Verre : *bicchiere*

La boisson

Bière : *birra*
Café : *caffè*
Café allongé : *caffè lungo*
Café crème : *cappuccino*
Chocolat : *cioccolata (in tazza)*
Eau : *acqua*
Eau gazeuse : *acqua frizzante*
Jus de fruits : *succo di frutta*
Thé : *tè*

À la poste et à la banque

Argent : *denaro*
Banque : *banca*
Boîte aux lettres : *buca delle lettere*
Change : *cambio*
Changer : *cambiare*
Chèque postal : *assegno postale*
Poste : *posta*
Téléphone : *telefono*
Timbre-poste : *francobollo*

Faire du shopping

Acheter bon marché : *comprare a buon mercato*
Bijou : *gioiello*
Bijoutier : *gioielliere, orefice*
Boutique : *negozio*
Caisse : *cassa*
Ceinture : *cintura*
Cent grammes : *un etto*
Chapeau : *cappello*
Chaussettes : *calzini*
Chaussures : *scarpe*

Les voyelles

« e » n'est jamais muet, même en fin de mot.
« u » se prononce « ou », même après « g » et « q ».

Les consonnes

« c » et « g » se prononcent comme en français devant « a », « o » et « u ». Mais :

- ce = tché ; ci = tchi ; cia = tcha ; cio = tcho.
- che = ké ; chi = ki ; chia = kia ; chio = kio ; chiu = kiou.
- ge = dgé ; gi = dgi ; gio = djo ; giu = djou.
- ghi = gui ; ghe = gué ; ghia = guia ; ghio = guio ; ghiu = guiou.
- gli = li (mouillé) ; glie = lyé ; glia = lya ; glio = lyo ; gliu = lyou.
- sce = ché ; sci = chi ; sciu = chou (sc devant « a », « o » et « u » = sk).
- schi = ski ; sche = ské.

Enfin...

Le « r » doit toujours être bien roulé.
Les consonnes doubles sont accentuées.
Oubliez les sons nasaux (« m » et « n » sont toujours détachés).
L'accent tonique est le plus souvent situé sur l'avant-dernière syllabe. Dans le lexique ci-contre, il est figuré par les lettres en gras.

Cher : *caro*
Costume : *vestito*
Cravate : *cravatta*
Cuir : *cuoio*
Dessin : *disegno*
Écharpe : *sciarpa*
Étiquette : *etichetta*
Faire des achats : *fare delle spese*
Faire une commande : *fare un'ordinazione*
Fin de série : *fine serie*
Jogging : *tuta da ginnastica*
Jouet : *giocattolo*
Jupe : *gonna*
Lingerie : *biancheria intima*
Livraison : *consegna*
Livre : *libro*
Magasin : *negozio*
Manteau : *cappotto*
Mode : *moda*
Mouchoir : *fazzoletto*
Pantalon : *pantaloni*
Payer : *pagare*
Pointure : *numero di scarpe*
Polo : *maglietta*
Portefeuille : *portafoglio*
Porte-monnaie :*portamonete*
Prix : *prezzo*
Pull-over : *maglione*
Qualité : *qualità*
Rabais : *sconto*
Retouche : *modifica*
Robe : *vestito*
Sac : *borsa*
Sac à main : *borsetta*
Soie : *seta*
Solde : *vendita promozionale ou liquidazioni ou sconti ou saldi*
Sweat-shirt : *felpa*
Talon (haut) : *tacco (alto)*
Tarif : *tariffa, listino dei prezzi*
Tissu : *tessuto*
Veste : *giacca*

INDEX THÉMATIQUE

INDEX DES LIEUX

Crédits photographiques

Intérieur

Adobe Stock : 14 Tommaso Lizzul, 17 Proslgn, 19b neirfy, 45 golovianko, 74 Siriocarnevalino, 77 Leonid Andronov, 91 Vincenzo De Bernardo,134 Maurizio Malangone, 137 Paolo Gallo, 142 Boris Stroujko, 145 jefwod, 147 Mat, 181 refresh.
Agestock : 4b Carlo Morrucchio, Mauro Fermariello 8b, 8h De Agostini Editore, 171 DEA/L ROMANO, 176 Walter Zerla.
Bridgeman : 149 BAL_16729.
Patrice Hauser : 11, 38, 47, 48, 49, 55, 76, 94, 108, 121, 131, 166, 185, 186, 188
Hemis/Alamy : 3h Zoonar GmbH, 5h Franck Chmura, 7c Hugue Hervé, 7b LEROY Francis, 8h anbusiello TW, 8c anbusiello TW, 20 jpn Arnold Images, 21 Bailey-Cooper Photography, 23 Ivan Vdovin, 24 Lorenzo Dalberto, 29 GIUGLIO Gil, 30 Enrico Della Pietra, 33 Pacific Press Media Production Corp, 34 anbusiello TW, 40 Panther Media GmbH, 41 The Picture Art Collection, 42 LESCOURRET Jean Pierre, 53 Premium Stock Photography GmbH/Alamy, 66 photonapoli, 71 Fra9119, 78 MORANDI Tuul et Bruno, 85 HUGHES Hervé, 87 LESCOURRET Jean Pierre, 88 Robert Harding, 98 Lorenzo Dalberto, 99 FRUMM John, 100 bildagentur-online.com/th-foto, 103 Enrico Della Pietra, 104 MAISANT Ludovic, 110 MATTES René, 129 Westend 61, 132 mauritius images GmbH, 161 StevanZZ, 169 Stephen Frost, 172 Francesco Bonino, 174 Burton Zaro, 179 Veronika Pfeiffer, 183 ronnybas.
Jérôme Plon : 72, 82, 97,125, 153.
Shutterstock : 3b Anna A Tarasenko, 7h Mikolaj Niemczewski, 4h Neirfy, 5b Romas Photo, 9h esherez, 9b Roman Babakin, 10b wjarek, 11 wjarek, 13 kavalenkava, 15h IgorKR, 15b Jenny Sturn, 19h Vivida photo PC, 27 Francesco Bonino, 30 DinoPh, 56 Anna Pakutina, 65 Papakinos ; 75 Vladimir Korostyshevskiy, 78 Jackkphoto, 83 Mzeta , 86 Neirfy, 97 Paolo Bernardotti Studio, 101 Massimo Santi, 105 elxeneize, 111 leszczem, 126 Eric Valenne geostory, 135 Simone Crespiatico, 138 vololibero, 139 Andrew Mayovskyy, 141 Mazerath, 143 BlackMac, 150 Simone Crespiatico, 151 BlackMac, 152 trabantos, 153 esherez, 155 Kochneva Tetyana, 160 Edgieus, 163 Takashi Images, 168 maudanros, 178 Antonina Tadeush, 182 fokke baarssen, 190 jackbolla.
Simephoto : 1 Sebastiano Scattolin, 89 Matteo Carassale, 162 Pietro Canali.
Yoann Stoeckel : 80, 117 ; Jean Tiffon : 115, 177 ; Lucie Tournebize : 10.

Couverture :

1re de couv : Ekaterina Pokrovsky /Adobe Stock.
4e de couverture : Balate Dorin/Adobe Stock.

Notre auteure, Lucie Tournebize,
est une Française passionnée d'Italie. Elle raconte sa vision du pays sur son blog, *L'occhio di Lucie* («L'œil de Lucie», http://occhiodilucie.com). Elle parcourt la botte italienne à la recherche de bons plans à partager avec ses lecteurs et nous fait découvrir Naples hors des sentiers battus.

Édition originale établie par **Pascale Froment et Frédéric Taboin**

Hachette Tourisme
Direction : Sidonie Chollet
Direction éditoriale : Cécile Petiau
Édition : Catherine Laussucq
Vérification des informations : Marella Barbera
Cartographie : Frédéric Clémençon et Aurélie Huot
Fabrication : Liza Sacco
Conception graphique de la maquette intérieure et illustrations : Minsk Studio
Conception graphique de la couverture : Studio POLI&CO
Mise en pages : Nord Compo
Contact presse : rmazef@hachette-livre.fr
Contact publicité et partenariats : partenariat-tourisme@hachette-livre.fr

Aussi soigneusement qu'il ait été établi, ce guide n'est pas à l'abri des changements de dernière heure, des erreurs ou omissions. Ne manquez pas de nous faire part de vos remarques. Informez-nous aussi de vos découvertes personnelles, nous accordons la plus grande importance au courrier de nos lecteurs :
Hachette-tourisme@hachette-livre.fr

Conformément à une jurisprudence constante (Toulouse 14-01-1887), les erreurs ou omissions involontaires qui auraient pu subsister dans ce guide, malgré nos soins et les contrôles de l'équipe de rédaction, ne sauraient engager la responsabilité de l'éditeur. Le contenu des annonces publicitaires insérées dans ce guide n'engage en rien la responsabilité de l'éditeur.

Édité par Hachette Livre (58, rue Jean-Bleuzen, CS 70007, 92178 Vanves Cedex)
Imprimé par Polygraf (Capajevova 44, 08199 Presov, Slovaquie)
Achevé d'imprimer : janvier 2023
ISBN : 978-2-0171-8531-4/codification 23-2889-0
Dépôt légal : janvier 2023 - Collection n° 44 - Édition : 01